# 旅游文创产品设计

以山东省旅游文创产品为例

董敏　毛斌　李榕静　著

化学工业出版社

·北京·

## 内容简介

《旅游文创产品设计——以山东省旅游文创产品为例》，简要介绍了我国旅游文创产品设计的现状、开发方向，以及以消费、品牌经营、文化为导向，基于体验经济和网络化生存环境的旅游文创产品的设计方法和关键要素。本书理论联系实际，强调旅游文创产品设计应注重文创价值和实用性。

本书可作为高等院校旅游管理、艺术设计专业的师生参考用书，也可作为旅游产业开发和旅游企业管理人员的参考用书。

**图书在版编目（CIP）数据**

旅游文创产品设计：以山东省旅游文创产品为例/董敏，毛斌，李榕静著．—北京：化学工业出版社，2023.11

ISBN 978-7-122-44129-4

Ⅰ.①旅… Ⅱ.①董… ②毛… ③李… Ⅲ.①旅游产品-产品设计 Ⅳ.①F590.63

中国国家版本馆 CIP 数据核字（2023）第 167961 号

责任编辑：尤彩霞　　装帧设计：韩　飞

责任校对：宋　玮

出版发行：化学工业出版社（北京市东城区青年湖南街 13 号　邮政编码 100011）

印　　装：北京盛通数码印刷有限公司

710mm×1000mm　1/16　印张 8¼　字数 109 千字　2023 年 10 月北京第 1 版第 1 次印刷

购书咨询：010-64518888　　售后服务：010-64518899

网　　址：http://www.cip.com.cn

凡购买本书，如有缺损质量问题，本社销售中心负责调换。

**定　　价：68.00 元**

# 前　言

中华大地有着丰富的旅游资源，旅游产业的发展必然带动其衍生品——旅游文创产品的发展。近几年来全国各地都在大力推动旅游文化产业的发展，无疑为旅游文化与创意产业发展增加了助推力，为旅游文创产品的价值提升指出了新的方向。

在当前形势下，除了推进旅游产业整体发展外，还要不断提升其衍生的旅游文创产品价值，摆脱目前多数旅游文创产品种类结构单一、缺乏时代特色和地区特色、缺少统一规划等问题。本书的研究目的是在旅游文创产品开发中，结合地域应用原则、地域应用方法及发展建议等，在高质量发展契机下不断提升旅游文创产品设计创新能力，最终提升我国的旅游文创产品价值。

设计创新首先依靠的是人——设计师，而设计师的素养依靠的是一种非常朴素的价值观——“工匠精神”，它是以造物为职业的人所应具有的职业价值观，他们精益求精，以造物为荣，甘于寂寞，醉心于细节。因此培养设计师的“工匠精神”能够更好地强化创新驱动，使旅游文创产品迈向中高端水平，最终推动旅游文化经济保持高质量发展。

设计是提升商品价值的重要手段，而设计又如何更好地提升商品价值呢？多年来国内外众多学者和企业提出很多独特见解与好的方法，不断提升设计思维、提出创新设计方法、研究运用虚拟设计与制造等，有很多成功经验，高屋建瓴，具有很强的指导意义。本书继承和学习前人方法，探讨如何从实践设计层面出发，实现旅游文创产品价值。通过旅游文创产品的差别化和细分化，寻找满足当前消费者需求的新契合点，主动地开拓市场。尝试探讨在当今时代微电子化、集成化、智能化、网络化时代背景下，旅游文创产品如何依靠科学技术成果，增加其信息含量，提升其内涵，利用新的传播手段让各地域的旅游文创产品成为宣传当地的“活名片”，本书希望能帮助读者找到传承优秀文化的新的有效途径。

**著者**

**2023 年 6 月**

# 目 录

# 第1章

# 中国地域文创产品的现状

## 1.1 旅游文创产品概述

### 1.1.1 旅游文创产品概念解析

对于旅游文创产品，学术界并没有一个统一、明确的定义，旅游文创产品的概念也经常与“旅游产品”等概念混淆。这主要是源于购买旅游文创产品的时间与地点、商品的有形性和无形性等因素。

本书作者通过查看多方文献、资料，将旅游文创产品理解为：在旅游活动过程中，旅游者在当地购买的具有一定地域特色的代表性实物商品。

### 1.1.2 旅游文创产品的特征

（1）旅游文创产品具有地域性特征

每一处旅游地具有自己的地域特征，有自己的语言符号，比如济南因泉水著名，被称为泉城。泉水、荷花、柳树这些济南的形象符号在很多设计中被作为设计元素采用（图 1-1）。

图 1-1　东荷西柳

特定地域环境的旅游文创产品，必然都要借用当地的语言符号，传递当地的地域特征，反映当地的旅游、文化特色，成为具有特定纪念价值的商品。例如，叫虎（图 1-2）是山东高密一带的特产，是高密老三宝之一。聂家庄泥塑

图 1-2　山东高密叫虎

2008 年入选第二批国家级非物质文化遗产名录，是彰显地域特色的美好载体。因此旅游文创产品的地域性特征是其本质特征，也是其灵魂所在。这也是旅游文创产品与普通商品最本质的区别。

（2）旅游文创产品具有形象性特征

形象性是指旅游文创产品是作为一种看得见、摸得着的实物而存在的，它是有外形、结构、尺寸、包装的实实在在的物品。有形的旅游文创产品是相对于无形的旅游服务来说的，是旅游文化物化的表现（图 1-3、图 1-4），是一种具象的商品。

图 1-3　日本贪心招财猫

图 1-4　日本酒包装

（3）旅游文创产品具有旅游相关性特征

在旅游活动中，我们购买的任何商品，包括生活用品、工艺品、旅游装备等，都是与旅游有关，由旅游活动引起的，体现了旅游的价值。相同的商品在常住地和在旅游地的价格差别较大，最主要的原因就是它的商品属性发生了变化，在旅游地它被赋予了商品的旅游相关性，提升了游客的体验价值。

(4) 旅游文创产品具有多样性特征

旅游文创产品具有地域多样性和用途多样性。各种旅游地区拥有不同的地域特色，旅游文创产品也因地而异，反映出不同的地域风俗与地域文化氛围，这种反映通过当地特产、手工制品、工艺美术品等得以表现，因此旅游文创产品的用途也具有多样性。

(5) 旅游文创产品具有艺术性与实用性并存的特征

旅游文创产品应具有艺术性，且具备实用性：既能引起消费者购买的欲望，又能勾起消费者对于美好旅游的情感记忆；既要符合旅游地区的特色，体现出其风俗、文化、传统，也要考虑游客购买后使用是否方便，是否能够满足使用的要求。

### 1.1.3 旅游文创产品的分类

旅游文创产品以旅游文化元素为创意核心，通过设计、制作和销售等过程，将旅游文化价值和情感内涵转化为实际商品或服务。旅游文创产品可以通过不同的功能、制作工艺、制作手段、材料等，展现不同的文化特色，体现不同的价值。旅游文创产品种类繁多，对于旅游文创产品分类的说法也有很多。本书笔者主要把旅游文创产品分为以下三大类：

(1) 地域特色类旅游文创产品

地域特色类旅游文创产品以特定地域的文化、历史、风俗等为主题，反映该地区的独特魅力。地域特色类旅游文创产品又可细分为手工艺品、工艺美术品、地方特产等。

手工艺品和工艺美术品大多是以当地的著名景点、古迹、自然风光为题材设计制作的，或者当地匠人以传承下来的手艺绝活制作的特色品，如竹编工艺品、陶器等，大多具有收藏的纪念价值，如淄博的琉璃商品（图 1-5）。琉璃艺术代代相传，它沉淀历史的华丽，传递一片琉光璃彩。淄博有“世界琉璃在中国，中国琉璃在淄博”的美誉。近几年，淄博博山琉璃文化和旅游结合了起来，让有着上千年制作历史的老手艺又焕发了新的生命力。

地方特产也是旅游者购买比较多的商品，一般是当地著名的食品，如北京烤鸭、周村烧饼、德州扒鸡等；或者是当地特色土特产、生活必需品等。这些商品一般被购买回去赠送给亲朋好友，不同于手工艺品和工艺美术品具有较高的纪念价值和收藏价值，但能够满足旅游者一定的实际需求与情感需求，同时也为当地旅游经济作出贡献。

图 1-5　淄博琉璃商品

（2）现代设计与艺术类旅游文创产品

这类产品强调现代设计和实用性，或者注重艺术性和收藏价值，吸引消费者的审美和使用需求，如上海的时尚设计师创意 T 恤、深圳的智能手机壳、敦煌壁画主题的艺术画册、故宫文创产品等。

（3）科技融合类旅游文创产品

这类产品将科技元素与旅游文创相结合，提供更具创新性和互动性的购物体验，如长城 VR 导览器、故宫 AR 互动手册等。此类产品还包括虚拟商品，如电子书、虚拟博物馆、在线文创体验等。

## 1.2 旅游文创产品现状分析

我国地域广大，历史悠久，有着深厚的文化底蕴和丰富的特色产品，从精美的陶器到细致的玉雕，从华美的刺绣到典雅的明代家具，从古香古色的文房四宝到精致的金石书画；它们有的呈现着唐代的辉煌，有的显露出宋代的雅致。数不尽的中国历史文化总能让人们耳目一新，惊讶不已。

旅游文创产品是随着我国旅游业的发展而兴起的。随着我国近几十年的积极对外开放与交流，旅游业日渐兴旺，在国家经济发展中的作用也越来越大。传统的茶叶、酒、绣品、竹编织品、丝绸、家具、缂丝、雕刻品等都成为旅游文创产品，并促进着地方旅游业的发展。

图 1-6 特色竹编织品

随着旅游业的发展，旅游文创产品的市场也逐渐成熟，我国各大旅游城市纷纷踊跃发展本地的旅游文创产品，如昆明、杭州、桂林等地，都提出了发展旅游文创产品的策略，举办旅游文创产品展览会、旅游文创产品设计大赛，为我国旅游文创产品的发展贡献力量。各地涌现了许多优秀的旅游文创产品，如产竹地景区的特色竹编织品（图 1-6）、甘肃书签设计（图 1-7）、山东封泥冰箱贴（图 1-8）、故宫特色文创产品（图 1-9）等等。

图 1-7　甘肃书签设计

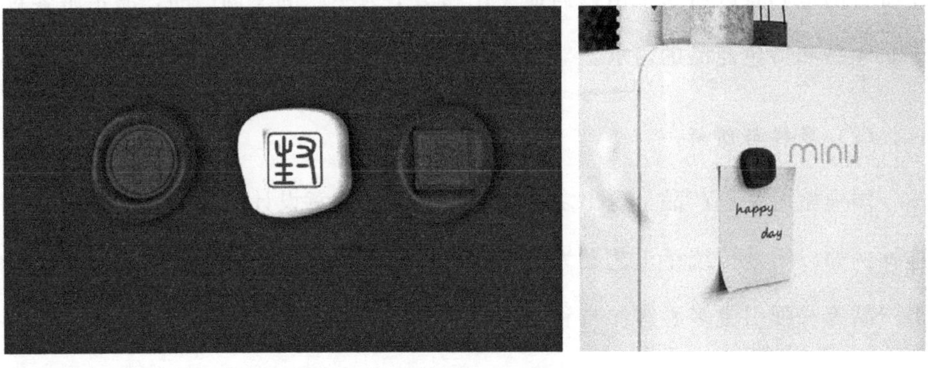


图 1-8　山东封泥冰箱贴

图 1-9　故宫特色文创产品

新时代国内旅游文创产品取得了显著的发展和进步。

（1）市场逐渐成熟

随着人们对文化旅游兴趣的增加，国内旅游文创产品市场逐渐成熟。各个旅游目的地和景区纷纷推出以当地文化和历史为主题的文创产品，满足游客对于纪念品和特色商品的需求。

（2）多样与创新

国内旅游文创产品呈现出多样性和创新性。创意设计的产品受到游客的欢迎，例如以当地传统手工艺品为灵感的现代化设计、融合数字技术的互动体验类产品等，吸引更多游客参与和购买。

（3）跨界合作

文创产业与其他行业的跨界合作越来越普遍。旅游景区与知名品牌、艺术家、设计师等合作，共同推出特色文创产品，通过品牌溢价和知名度吸引更多的游客。

(4) 电商渠道助力销售

随着电商平台的发展，许多旅游文创产品可以通过在线渠道进行销售，扩大了产品的触及范围，让更多游客能够方便地购买文创商品。

(5) 政策支持

国家和地方政府对文化创意产业的支持力度增加，出台一系列鼓励政策，推动旅游文创产品的发展。同时，一些旅游景区也积极参与文化创意产业的扶持，鼓励当地手工艺人和设计师参与产品的开发。

(6) 持续挖掘文化内涵

在发展旅游文创产品的过程中，更多的景区和企业开始深入挖掘本地的文化内涵，注重文化传承和保护，以确保产品的独特性和真实性。

然而，尽管国内旅游文创产品市场呈现出良好的发展势头，仍然面临一些挑战。例如，一些产品缺乏创新性，过于雷同；文创产品的质量和设计水平不够高；营销手段和渠道不够多样化等。

陕西旅游协会旅游商品与装备分会原副会长石毅曾经说过“从全国范围来看，许多旅游商品具备了地方特色、传统工艺、文化传承等特点，但缺乏竞争力”。从石毅副会长的话中我们可以认识到，旅游文创产品的开发要有一个清晰的定位，旅游文创产品应该易于制造、耐用、具有普适性、能够个性化定制等。

与发达国家高水平的旅游文创产品相比，我国旅游文创产品的发展还不够成熟，存在一些问题。

(1) 我国旅游文创产品整体设计较好，但也有一些商品功能不明确，质量不过关，缺乏市场竞争力

旅游景点的旅游文创产品有一部分缺少设计感，设计换汤不换药，不与时

俱进，粗制滥造。如一些竹编织类的商品，大多是一些筐子、篮子、草帽等，缺乏新鲜感。另外，部分地区对旅游纪念产业的重视和支持力度还不够，再加上许多当地企业自身规模小，资金、技术薄弱，实力不够雄厚，产品开发能力弱，使得不少地区的旅游文创产品设计大同小异，并且质量档次参差不齐。

(2) 部分种类的旅游文创产品形象千篇一律，地域特色不明显

某类旅游文创产品设计一味保守，没有求新欲，导致商品固守着“千年”不变的形式，市场上同类商品区别不大，失去了旅游文创产品独特、纪念等特殊价值，最终导致消费者对商品失去兴致，严重影响购买欲。

(3) 部分旅游文创产品缺少品牌意识

我国部分旅游文创产品品牌知名度和市场影响力较低，品牌附加值也不高，市场竞争力处于弱势地位。更有甚者，有的景点“盗取”其他景点的旅游文创产品，这种做法不但侵犯了对方的知识产权，更不利于我国旅游文创产品的发展。

(4) 部分旅游文创产品缺少文化内涵与艺术特色

充满趣味性的旅游文创产品，或雅观或有风趣的旅游装饰品，容易引起人们的兴趣。然而有些旅游文创产品虽然具有实用价值，工艺与质量都尚可，但艺术性与观赏性欠佳，很难满足当前消费者“挑剔的眼光”。

部分景区对自身的地域文化元素的挖掘不够深入，对旅游文创产品的开发和利用无序、不合理，也影响着旅游文创产品的直接和潜在的价值。若想长远发展，一定要对当地文化与特色进行深入研究，结合风土人情，设计出高雅趣味又价格宜人的旅游文创产品。长远之道，唯在用心设计。

总之，国内旅游文创产品在不断发展的过程中取得了一些积极成果，但仍面临着一定的挑战，具有很大的改进空间。为了进一步推动该产业的发展，需要进一步加强创意设计、质量管控、营销推广以及产业协同，同时重视文化内

涵的深度挖掘，提升文创产品的竞争力和吸引力，满足游客对独特、有价值文化产品的需求。

## 1.3　中国地域文创产品的现状与原因分析

### 1.3.1　中国地域文创产品现状概述

我国旅游文创产品的发展是随着 20 世纪 80 年代旅游事业的崛起而逐渐起步的，经过 20 多年的发展，现在旅游文创产品产业已经初具规模。各地旅游局也着力打造新颖的旅游文创产品，不断推陈出新。近年来多次在各地举行的旅游文创产品设计大赛，面向全国征集优秀创新旅游文创产品作品。旅游文创产品设计大赛本身以及赛后展览出的优秀设计作品都受到社会各界的关注。

如山东省，由于省政府的大力支持，已逐渐发展为旅游大省，2007 年创立了“好客山东”的旅游品牌（图 1-10），致力于打造创新山东省旅游品牌。

图 1-10　“好客山东”品牌标志

“好客山东”品牌也着力打造创新型旅游文创产品设计，并且得到众多省内代表性旅游文创产品的推广。“好客山东”的品牌效应以及众多创新设计大赛、旅游文创产品展览，为中国地域文创产品价值提升作出了积极贡献。

山东省具有代表性的旅游文创产品数不胜数，如潍坊的风筝、木版年画，高密的泥老虎、剪纸、扑灰年画，济南平阴的玫瑰制品，青岛的贝雕、啤酒，淄博的周村烧饼、琉璃，等等，都是当地最有名，最有文化历史价值、文化底蕴的代表性旅游文创产品，是当地特色的体现，传承着老祖宗的手艺，具有不可替代的价值。

以潍坊的风筝和杨家埠木版年画为例，它们都是潍坊地区的民间手工艺作品，大都具有美好寓意，如年年有余（图 1-11）、财神送福（图 1-12）等，通过传统的形、色搭配，散发出浓郁的乡土气息。这些质朴的民间艺术带给人们视觉上的冲击，民间的乡土生活跃然纸上。潍坊每年都会举行杨家埠风筝年画艺术节，它以独特的形式和内涵，吸引着来自海内外的游客，作为当地对外开放和交流宣传的纽带。

图 1-11　年年有余

图 1-12　财神送福

由上述可知，中国的旅游文创产品现状是有一定优势，但由于旅游文创产品及品牌建设正处于发展阶段，许多条件不够成熟，国内旅游文创产品存在的一些问题，总体上体现为旅游文创产品的特色不鲜明，形象千篇一律，缺少文化内涵，包装随意粗俗；市场机制不健全，相关人员思想保守；设计理念不够新颖，设计师设计水平参差不齐；等等。具体到商品上，体现为很多优秀传统工艺只存在于乡村，只在特定地域或特定时间得以展示或使用，并不能为大众所熟知；有的产品虽然具有浓厚的人文气息、传统特色，凝聚着民间手工艺人的心血，但却并不能成为有吸引力、能引起消费者购买欲的商品。

我国当前处于推动各产业高质量发展时期，各行各业需要去陈推新，旅游文创产品产业作为重要的产业，也要结合实际境遇灵活变通，加入设计的力量，用创新的理念将原有的旅游文创产品和民间手工艺的价值完美释放出来，把它们带到更广阔的世界，让更多的人认识和了解中国地域文创产品所传承的中华文化。

综上所述，针对各地具有代表性的旅游特色资源与文化，应进行综合性的策划、分析、研究，从而设计开发出更加吸引消费者、符合市场需求的旅游文创产品，提升旅游文创产品的价值，推动旅游经济快速发展，最终实现旅游行业的新旧动能转换。

### 1.3.2　中国地域文创产品影响因素

改革开放以来，我国经济飞速发展，国内各种建设项目蓬勃进行，各行各业都迎来了快速发展的机会。人民生活水平、生活质量、教育水平的提高，让越来越多的人开始关注生活的品质和自己的品位，关注精神上的需求，不再盲目追求奢华，更注重的是产品的文化价值、互动体验和精神共鸣。

消费者的观念变化，尤其是消费者的喜好和文化审美的变化，让我们看到了当前旅游文创产品存在的问题。如有的地方盲目追求经济发展速度，忽视旅游文创产品与市场的需求，缺少对旅游文创产品内涵的深层次挖掘；还有的旅游文创产品照抄照搬其他景点的样式，形象无变化，且低成本制作，粗制滥造，毁坏了旅游文创产品的价值。

下面简要分析旅游文创产品的设计影响因素。

(1) 设计师当前所处环境压力

目前大多数设计师因为基本的生存以及外界的压力，对设计的普遍做法是满足老板的要求，而不是着重思考产品对人、社会、环境的影响。绝大多数的设计具有强烈的“甲方要求”痕迹，不能将设计师对人性的思考、对社会和环境的责任感真正体现在产品中。而大多数设计师也逐渐在这种“靡靡之风”中迷失自我，习以为常。

许多优秀的设计专业的年轻学生拥有较为先进的设计理念，然而却没有将设计想法变成实际产品的能力，设计出的产品也只能停留在虚拟想象的阶段，不能成为现实。因为他们常常与实践脱节，脱离了设计的真正本质，只会“纸上谈兵”，缺少实践能力。这是设计教育的一大缺陷，因为理论如果脱离实践，再好的想法都不会成功，这样的设计也不会得到任何人的欣赏。

(2) 消费者需求和喜好影响

旅游地的文化、特色、地形等特征不但影响了设计师，也影响了消费者。旅游文创产品的终端是消费者，因此设计自然也要根据消费者的喜好添加设计内容。比如将戏剧中的人物“萌”化而设计出的小型泥人（图 1-13)，就非常容易吸引消费者的注意力，同时也向消费者宣传了戏剧人物的特色、戏剧的文化，具有教育价值与收藏价值。这样的一套旅游文创产品，不仅是商品这么简单，更重要的是它所蕴含的价值。

(3) 当前旅游文创产品市场现状

① 当前的旅游文创产品设计大都简单而直白，设计方法和思路单一。市面上可见的旅游文创产品一般是在包装或者商品表面印制旅游地标志、景点照

图 1-13　戏剧小泥人

片或典型形象，真正体现地域内涵的商品设计屈指可数。

开发的旅游文创产品最终是要投向市场的，因此设计开发需要注重目标群体的针对性，商品设计的地域性、艺术性和实用性的统一，要把具有纪念意义的文化内涵融入设计之中。“要使旅游文创产品具有实用性，必须注意做到‘三宜’：一是因人而宜，旅游文创产品只有在适应某种类型的人的需求时才具有实用价值；二是因时而宜，要考虑时间性即季节性的影响与需求；三是因地而宜，要考虑地方特点和民族特色的纪念意义。”因此在旅游文创产品的设计中，应当深入考虑商品的存在意义，以及对消费者的购买和使用的影响，因人、因时、因地而设计，就能真正提升旅游文创产品的价值，做出适合消费者的特色商品。

② 旅游文创产品缺少一个统一的整体形象。现在很多地方市场上的旅游文创产品形象陈旧，平淡无奇，难以调动游客的注意力。不及时推陈出新、不及时更新旅游文创产品形象的话，就会累及市场的发展，进而影响旅游经济的增长。

从品牌传播的角度来说，拥有品牌意义的地域文化商品更具有传播性。所以旅游城市需要打造高端的个性化旅游文化产品、精品旅游文化产品品牌，完善旅游精品品牌形象，进一步扩大旅游文化品牌的传播效果。文化就是一件商品的灵魂，如果没有文化内涵，商品就只剩下本身的物理价值。如果将商品的文化加以发掘和运用，做出来的产品就很有可能创造出超过成本几倍甚至几十倍的价值的奇迹。品牌形象大投入、全方位的建设，能够使地域文化特色更加深入人心。比如说现代手机的设计在外行眼中大同小异，普通消费者无法做到简单地将手机区分开来，往往在购买时一头雾水，这时候如果商家在品牌文化上做文章，加入品牌故事或者公司情怀，以此来提高消费者对于产品在心灵和精神上的认知和满足，那这款产品就会更加容易卖出去。如图 1-14 所示，江小白在文案和品牌文化上下功夫，使得简单的白酒有了故事。这样的设计自然也虏获了不少消费者的消费情结。旅游文创产品亦是如此，如果在简单的产品的基础上加入文化内涵，那消费者消费的将不仅仅是这个商品，更是这个商品背后的文化。

图 1-14　江小白文案设计

③ 作为具体化展示山东地域文化的旅游文创产品，既需要展现出对山东地域文化有一定的认识和理解，又需要把这种抽象的理解具体化、现实化。对

旅游文创产品内涵的充分调研与感悟理解是必不可少的，旅游文创产品是以多种产品和服务组合形成的特殊商品。构成旅游文创产品特殊性的因素有很多，包括满足游客基本需求的物质要素、自然要素、历史要素和社会要素等。现在市面上很多旅游文创产品存在断章取义、对文化理解比较肤浅、噱头大过产品本身的现象，这些都要求设计者和开发人员对中国文化有更深入的了解。

传承与转化要灵活运用，在传承地域文化的同时，我们应该加入新时代的元素进行设计创新，像山东高密剪纸（图 1-15），如果一味追求和延续“老风格”，不添加潮流元素，很容易失去一部分青少年消费者。

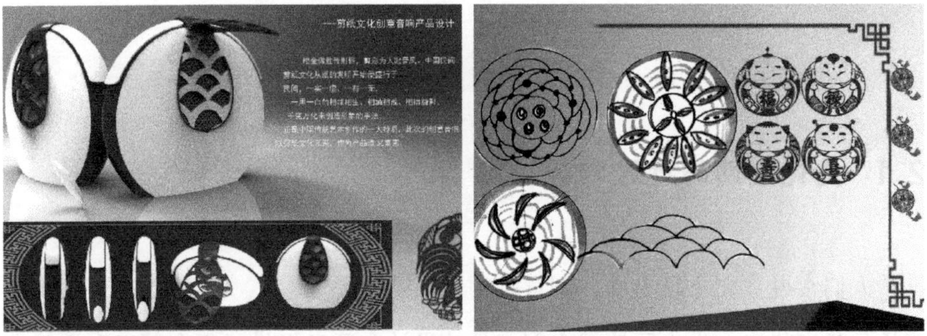

图 1-15　高密剪纸的设计与应用

④ 旅游文创产品的包装问题。所谓“人靠衣装，佛靠金装”，再好的商品若是没有一个精美的外包装设计，只被简单装在一个袋子里售出，就实在是暴殄天物了。很多游客会因为产品包装而选择购买，有些设计师或许只关注产品本身的设计而忽略了包装的影响力，这样就不利于旅游文创产品的发展与价值提升。人类是注重视觉享受的，包装设计非常完美的商品，会被认可为不错的商品，这是消费者最直观的感觉。

⑤ 没有较好的平台对旅游文创产品进行推广传播。任何好的商品若是没有良好的平台进行推广，都会被埋没。中国资源丰富，应该更好地利用该优势，进行系列化推广推销，打造不同价格档次的商品，迎合不同游客的需求。

# 第2章

# 提升旅游文创产品价值的开发方向

## 2.1 文化浸润与地域特色

人们常说“文化是土壤，创意是种子，产业是果实”。我国历史文化源远流长且包容甚广，为中国地域文创产品的设计和开发提供了很多可以利用和发掘的文化素材。由于自然风光和人文资源以及地理条件的不同，每个地区或城市在其发展过程中都会逐渐形成自己独特的文化。这种独特的地域文化是人们创造的“物质和精神财富的总和”，或者叫作“地域的标记”，更有研究者把它奉为地区或城市的“灵魂和核心”，中国地域文创产品价值提升须建立在文化浸润与地域特色上。

### 2.1.1 深度挖掘中国传统文化

博大精深的中国传统文化，富有凝聚力和生命力，经受了五千多年的历史考验。中国这片土地上更是诞生了影响中国乃至全世界的儒家文化。这些都为旅游文创产品的开发提供了非常有利的文化条件。所以，博大精深的中国传统文化是中国地域文创产品的根。

中国传统文化历史悠久，地域特色明显，渗透到人们生活的方方面面，在各个领域表现出了鲜明的特色。中国传统文化是祖先留给我们的珍贵文化遗产，如今随着中国经济、文化的快速发展，也以新的姿态出现在世人面前，融入了新的时代内涵。

旅游文创产品的开发离不开深厚的文化底蕴。旅游资源包括人文资源和环境资源。人文资源是通过各种文化遗产表现出来的，同时这些文化遗产反映出了地域特色文化的源头，对游客来说有着非常大的吸引力，成为中国地域资源的重要组成部分。在自然环境资源方面，中国的山、河、湖、海、泉这些自然资源同样也充满着无穷无尽的魅力。同时，这些自然资源有着文化聚集的体现，例如山东的泰山不仅自然景观优美，同时也是文化的重要聚集地，作为五岳独尊而闻名中外，蕴含着深厚的文化底蕴。

另外，中国大地上的民俗文化是民众在长期的生活中沉淀下来的生活方式、思维方式和行为准则。它是一个历史传承的结果，也最贴近人们的生活，在中国的民俗史上占有重要的地位，在衣食住行等各个方面至今仍然影响着人们，也成为旅游文创产品开发的丰富资源。

### 2.1.2　积极利用特色鲜明的地域文化

中国幅员辽阔，人口众多。受不同的人文因素、地理因素与气候因素的影响，各地有着独具特色的地域文化，它们丰富多彩，特色鲜明。

地域文化是历史沉淀与传承的结果，经历了一个不断洗练、丰富与淘汰的过程。中国传统文化的包容性造就了地域文化的丰富多彩与繁荣发展，同时外来文化的渗透与融合对中华大地的不同地域文化的繁荣起到了一定的推动作用。全国各地鲜明的地域文化，正是旅游文化商品开发的重要资源与内容，可以说特色鲜明的地域文化是中国地域文创产品的魂。

下面以山东为例分析地域文化中的设计参考资源。

(1) 孔孟文化

孔孟文化可以用仁义礼智信来概括，是中国传统文化的核心思想。孔孟文化作为中国传统文化的重要组成部分，已经深入到中华民族的血液之中。这里所指的孔孟文化是指以孔孟为主体的思想文化和地域文化，最具代表性的文化遗存要数山东曲阜的“三孔”——孔庙、孔府、孔林，它们是纪念孔子、推崇儒学的表征。在孔孟文化的影响下，诞生了许多对中华民族作出贡献的历史名人，也产生了很多文化典故。

(2) 泰山文化

泰山在中国的地位可谓是众人皆知。泰山不单单是一座自然山体，同时还凝聚了中华民族特有的历史与文化，它见证了中华文明的繁荣昌盛。泰山文化既是地域性文化也是自然地理文化，在泰山文化区域居住的居民先后创造了大汶口文化、龙山文化等一系列著名的灿烂文化。泰山文化博大精深，包括了帝王的封禅文化、三教合一的宗教文化、平民百姓的祈福文化等，影响深远广泛且富有特色。

(3) 沂蒙文化

沂蒙文化的特点是朴实、忠诚与奉献。沂蒙文化是指生活在沂蒙山区及其周边地带的人民，在地理环境和人文环境下创造的独有的文化形态，是物质、精神文明的积淀。沂蒙地区同样是中华文明的发祥地之一，在沂源发现的“沂源猿人”化石就证明了距今五十万年以前，人类的祖先在这里辛勤劳作、繁衍生息的迹象。沂蒙文化的发展源头可以追溯到东夷文化，在东夷与中原的文化交融过程中逐渐发展出了沂蒙文化，孕育了如王羲之、诸葛亮等名人名家。

沂蒙文化中的另一个重要组成部分就是沂蒙革命文化，沂蒙山区作为中国共产党最早成立的组织根据地之一，在中国革命史上具有重要的作用。沂蒙革命文化在艰苦的革命战争年代形成，经历了战争与战后建设的洗礼，最终凝结成了灿烂辉煌的沂蒙精神。这种新的精神形态如同延安精神与井冈山精神，是中国革命精神的重要组成与财富。

（4）海洋文化

海洋文化表现出的特点是开放与包容。山东半岛三面环海，海岸线曲折绵延 3000 多公里，自西向东构成了海洋与陆地的交汇线。这里受到渤海、黄海的滋润和齐鲁大地的文化孕育，形成了独有的海洋文化体系。海洋文化中有许多神话传说，这些神话传说形成于早期沿海居民对海洋的敬畏和崇拜，例如海上仙山——蓬莱山，有仙人住在此地的美丽传说；沿海地区还有古代帝王巡游的记载，流传着一些帝王巡游的故事；沿海地区的民俗也富有特色，例如山东沿海各地经常在一些节气时举行丰富多彩的节令活动与庙会活动。这些都是山东海洋文化的组成部分。

（5）黄河文化

黄河是华夏文明的发源地，同样孕育了齐鲁文明。黄河文化的深厚文化底蕴，表现在黄河两岸众多的文化与风物遗迹中，如黄河沿岸的民间手艺丰富璀璨，剪纸、年画、刺绣、编织等各具特色；黄河养育了齐鲁大地，为农作物提供了重要的水资源，使齐鲁大地形成了重要的农业区；黄河还是重要的交通航道，造船风俗、船商风俗在黄河沿岸形成。齐鲁黄河文化不同于其他地区的黄河文化，齐鲁的黄河文化的特点主要表现为务实性、抗争性和多元性，齐鲁的黄河文化的内核是开拓与坚韧。

（6）水浒文化

水浒文化可以用刚烈、忠义来概括。水浒文化起源于发生在济宁梁山境内的农民暴动。水浒文化内涵丰富，以忠孝节义作为行为准则，弘扬仗义疏财的高尚美德，发展到今天甚至形成了研究水浒文化的“水浒学”。水浒故事家喻户晓，梁山英雄好汉勇于对黑暗统治和压迫进行反抗的精神，激励了一代又一代人。水浒文化是非常值得挖掘的文化实体，人们根据《水浒传》发掘了诸如小说、戏曲、话剧、诗、词、歌、赋、绘画、雕塑、电影、电视剧等多种艺术形式，深深影响着中华民族的文化和价值观念。

(7) 运河文化

运河文化是早期商业文明的代表。山东境内最早的人工挖掘的运河出现在春秋战国时期。到了隋代，随着大运河的开通和历代的不断完善，山东运河航行状况发生了重大改变，运河两岸开始出现大量的商业活动，运河文化孕育而生。运河文化主要包括了漕运文化、城镇文化与商业文化。运河的开通使得山东运河区域经济不断繁荣，商业日益兴盛，同时带动了南北文化的交流、发展。

正是因为这些各式各样的文化相互交织和相互补充，最终才形成了有着明显的地域性、民族性、时代性和先进性的中国文化。这些不同的文化素材为山东旅游文创产品的开发带来了良好的文化基础，在当前的旅游文创产品开发中也衍生出许多较为完善的产品。

## 2.2 充分结合党的二十大精神导向

党的二十大报告提出“推进文化自信自强，铸就社会主义文化新辉煌”的目标。全面建设社会主义现代化国家，必须坚持中国特色社会主义文化发展道路，增强文化自信，围绕举旗帜、聚民心、育新人、兴文化、展形象建设社会主义文化强国，发展面向现代化、面向世界、面向未来的，民族的科学的大众的社会主义文化，激发全民族文化创新创造活力，增强实现中华民族伟大复兴的精神力量。

2016 年 5 月，在国务院办公厅转发的文化部等部门《关于推动文化文物单位文化创意产品开发的若干意见》中将文化创意产品开发纳入文化文物单位评估定级标准和绩效考核范围，由此可以看出国家对旅游文创产品重视的程度正在增加。在当今旅游经济中，旅游文创产品已经成为继交通、住宿、餐饮之后拉动旅游经济增长的第四大力量。近些年，旅游文创产品依靠高附加值、低投入、高回报等优势发展迅速。

我们应该在优厚的旅游资源基础上，不断培育旅游文化、旅游产业、旅游消费市场。产业的升级与高质量发展正在改变着以往的旅游文化、旅游发展的模式，文化、旅游文创产品的开发与发展，对全国经济发展的贡献度逐渐变大。文化、旅游文创产品存在的“短板”问题以及消费市场的培育成了文化、旅游工作者关注的重点。目前旅游文创产品消费上存在着巨大的“缺口”，其中主要的原因在于旅游经济开发与旅游文化开发不协调。文化产品定价与居民收入水平不对称、文化消费欲望与消费能力不对等、文化创意不足与外来文化影响等，也是造成文化消费市场缺乏活力的原因。以上所述或多或少也能说明旅游文创产品及市场的情况。

“中国传统文化有着悠久的历史和良好的传承，以文化产品作为载体去传播，将是一个重要的途径。”推动文化传承创新、拉动文化消费要更多地与市场相结合，通过打造文化精品，助推文化产业由“大”到“强”。政府和文化企事业单位要继续深挖中国传统文化资源优势，真正地去创新文化传播方式、方法，打造精品。

近年来，中国地域性产业的发展态势良好，有着有利的文化经济条件，这为中国地域文创产品的开发提供了非常有利的经济环境。旅游文创产品的开发最离不开的就是旅游业的发展，中国地域性产业正处于关键的战略机遇期，随着居民收入水平的不断提升，消费观念的改变，以及假日制度的完善，消费人群不断增加，旅游业得到了很好的发展，旅游消费市场开始发生巨大的改变。从消费者的角度来看，国内旅游市场由原先的小众的市场转变为一个大众的市场，每年人均旅游次数都在增加，旅游开始向大众化、日常化方向发展。市场的发展也带动了旅游行业的不断转型，经营模式由单一的旅游企业向着多元化、差异化方向改变。

## 2.3 中国地域文创产品价值提升的对策

### 2.3.1 注重人才培养

想要提高旅游文创产品价值，必须提高设计开发团队的素质，也就是说，对旅游文创产品设计和研发人员的培养是必不可少的环节，因为旅游文创产品设计研发需要大量的知识储备和优秀的设计思维，这不是短期内就可以解决的事情。只有加强对人才的培养，积极引进优秀设计人才，才能更好地推动各地特色旅游文创产品的设计和开发行业的发展，提升旅游文创产品价值。

旅游消费者对旅游文创产品的需求不是一成不变的，旅游文创产品企业需要不断推出新的、富有创意的旅游文创产品，这样才能为旅游文创产品市场注入新鲜的血液，丰富消费者的选择。近年来，在政府与企业的不断重视下，各类创意大赛越来越多，高校师生参加的人数也越来越多，创意大赛的奖金也是越来越高。在这种形势下，虽然涌现了大批旅游文创产品的设计，而真正被市场接受的旅游文创产品却很少，其中一部分原因是设计师的能力参差不齐。

① 优秀的设计师应该真正把握中国传统文化内涵。旅游文创产品的开发重要的是要深度挖掘文化，讲出好的故事，有好的创意来源，才能为消费者做出眼前一亮的产品。所以，对设计师而言，首先需要培养的是良好的文化修养和把握中国传统文化内涵的能力。设计师有文化底蕴，才能做出好的商品，讲出好的故事。

② 设计师需要培养洞察市场的能力。旅游文创产品本质上具有商品的一切属性，所以设计师在关注文化的同时，更要关注商品的经济价值。旅游文创产品应该是为大众设计的，不仅仅要满足消费者的需求，还需要考虑成本、工艺等种种因素，更要引导消费者的需求。

### 2.3.2　注重品牌建设

品牌建设对于旅游文创产品的开发具有重要意义。与旅游业高水平国家相比，我国的旅游文创产品品牌建设水平还有很大的进步空间。很多企业觉得品牌的建设投入高，回报慢，不愿意冒风险；也有一些旅游文创产品企业对自己现有品牌的建设不够重视，品牌保护意识不强。其实，品牌建设对一个企业来说是至关重要的，没有一个属于自己的品牌，只是漫无目的地开发特色旅游文创产品，容易让企业发展迷失方向。企业要想不断地发展下去，就需要品牌力量的支撑，要根据自己的情况，制定适应自身发展的品牌战略，比如“好客山东”就是一个适合齐鲁大地的好品牌。

品牌文化的创立可以提高特色旅游文创产品的价值与档次，进而提高市场竞争力。品牌是旅游文创产品竞争的核心所在，当一件商品的价值无法得到继续提升时，设计师可以通过增加顾客对商品的心理价值筹码来使产品增值，也就是说，通过产品及品牌背后的文化来提高消费者的忠诚度。围绕中国地域品牌建设，在积极宣传品牌形象的同时，政府和企业应紧密结合旅游资源特点，对旅游文创产品的开发进行规划和管理，追求在形象与内容上达到统一，把品牌文化做得深入人心。例如，“文化胜地・度假天堂”就是山东地区打出的文化胜地品牌，在国内和国际市场上都具有较大的影响力。

旅游文创产品企业的品牌建设对于消费者而言也有重要意义，首先，有品牌的旅游文创产品可以使消费者较少担心商品质量，觉得更有保障，使用起来更加放心；其次，对于有品牌的旅游文创产品，消费者购买的往往并不仅仅是它的实用价值，它更是一种身份的象征、一种理念或一种生活方式，使消费者更有归属感。

旅游文创产品企业的品牌建设对于企业而言，可以使旅游文创产品开发企业更加具有社会责任感和市场竞争优势。有品牌的旅游文创产品开发企业会更加维护和注重自己的形象，会在旅游文创产品的设计与开发中更加严格地监控、不断地推动设计创新，促进商品的价值提升，提高自己的市场竞争力，保证消费者的认同感，确保在竞争对手中脱颖而出，创造更加丰厚的利润。

### 2.3.3 注重引导消费

目前旅游市场上的旅游文创产品，表面上五花八门，但细看起来，大部分大同小异，毫无特色，同质化现象严重。如果把普通的旅游文创产品看作是满足消费者的购买需求的商品，那么富有特色的旅游文创产品则是引导消费者的需求的商品，是激活特色旅游文创产品市场的重要因素。旅游购物在旅游消费中并不像住宿、饮食一样是必须消费的基本要素，因此富有特色的旅游文创产品才真正具有市场竞争力，更容易挑起消费者的消费欲望。

一个好的营销手段也可以有效地引导消费者的购物行为。一些经营者在营销方面不够重视，认为只要有了好的设计就会有好的销量，其实不然。好的设计固然重要，但是好的宣传会给旅游消费者带来这个产品的第一印象。不同的旅游文创产品需要不同的销售渠道，有些旅游文创产品是通过个体体验进行销售，需要有实体店，经过亲身体验之后会激起消费者购买的欲望；有的则适合在网上销售。做好了营销，才能够更清晰地传达旅游文创产品所要表达的设计与故事，使旅游消费者产生购买的欲望，真正达到引导消费的目的。

### 2.3.4 提升文化内涵

国民之魂，文以化之；国家之魂，文以铸之。地域文化从人类诞生起就存在了，是人类文明的无尽宝藏。设计只有做到与文化的巧妙结合，才能设计出具有地域味儿的旅游文创产品。如果设计缺乏文化的内涵，必然会导致价值缺失，市场竞争无力。

“一件成功的旅游文创产品不仅要具备基本的纪念意义，还应该起到传承地域文化的作用。”人们对于旅游有着强烈的热情和追求，每到一个新的地方，除了要欣赏当地的优美自然风光，更要感受当地独具特色的人文风情，体验千奇百怪的地域文化。因此，旅游文创产品的设计要考虑到借用地域文化，再通过商品来传递、传承地域文化，实现文化之间的交流和传播，在不经意间提升商品自身的价值和旅游地区的综合竞争力。

好的旅游文创产品的独特意义在于它具有一种将时间性和空间性全都囊括的特性，它代表了所在地域独一无二的文化，这使得商品本身就具有了独特性。东道集团创始人、董事长解建军曾经说过“文化能被人理解，设计才能被接受”。文化在创新设计中可以分为三个层次：第一层次是有形的、物质层面的；第二层次是使用行为的、仪式和习俗层面的；第三层次是意识形态的、精神层面的。这三个层次在创新设计中分别对应了文化视觉元素的应用、产品特质的形成和产品品牌的竞争。

想要消费者理解某种文化，设计师首先要了解这种文化，然后通过设计，把地域文化信息准确地传达给消费者。我们的文化本身要有一定的“张力”，能够易于让消费者接受而且喜欢。例如，如果设计师能够巧妙地将旅游所在地的文化精炼为文化符号，在旅游文创产品的设计中体现山东地域特色，那么就可以使旅游文创产品成为旅游地的代言形象，将消费者无形的记忆转化为有形的物体，以此来达到使消费者觉得旅游后不虚此行的目的。

### 2.3.5　其他对策

（1）建立产品标准体系，提高产品质量

“在现代市场竞争中，质量始终是取胜的最根本的法宝，也是产品市场价值最重要的载体，没有质量作支撑的产品市场价值是无从谈起的。”旅游文创产品的质量问题也一直是制约旅游文创产品发展的一个重要因素，市场上商品的质量参差不齐，影响了旅游地的声誉和形象，大幅降低了消费者的信赖度和满意度，进而影响了旅游文创产品市场价值的提高，限制了特色旅游纪念产品的发展。要提高旅游文创产品的市场价值和市场竞争力，必须对生产和制造企业进行严格的控制和把关，杜绝产品质量不合格、有缺陷、假冒伪劣等现象的发生，否则不仅会影响产品的形象和企业的形象，也会影响旅游地区的形象。还可以通过提高技术和工艺水平来提高质量水平，这需要制定统一的严格的质量标准，并且要在严格的控制下执行，使设计符合标准，以方便更好地推广和管理。

(2) 地方支持，多方参与

旅游当地是旅游文创产品开发的重要领头人和施策人；旅游文创产品设计开发业要实现大发展，还需要多方参与，尤其是市场和社会的深度参与。在当地的支持以及多方设计人才的参与和社会众筹下，旅游文创产品的开发将不断地丰富和多元化。

(3) 建立鼓励机制

从市场的角度来看，最核心的是要建立起一个鼓励机制，让创意受到保护，从而能够获得收益。提高知识产品保护方面的社会需求，促进整个社会的素质共同进步，才会让商品的设计市场更加独特和多元化。产业发展本质上要有经济效益和社会效益，如果一个商品拥有品牌形象和文化内涵，它本身就会有一个广告经济效益，这将潜在地推动旅游文创产品的发展和提高旅游地的经济和社会效益。

(4) 建立健全创意者网络

从社会的角度来看，最重要的是形成一个较为健全的创意者网络。健全和成熟的创意者网络非常重要，创意者以团体或协会的形式而存在，相互学习和交流，共同进步，促进创意的产生。一个能够允许更加多元化的社会组织、团体存在的社会是创意者的重要支撑和保障。

(5) 推进科技创新，增强产品附加值

随着人们生活质量和水平的提高，旅游者对旅游文创产品的要求也不断提高，因此，高品质商品的需求量是很大的。科研部门和学校、企业等应该相互协作起来，努力促进和实现科技成果的形成和转化。旅游特色商品生产企业如果形成自己独有的核心竞争力，就会在企业经营上形成突破。推进科技创新以及提高科技含量，不断提高产品的质量和性能，用现代技术工艺或加工手段去改造传统的工艺流程，是提高旅游文创产品市场价值、促进旅游文创产品发展的关键。

# 第3章

# 工匠精神促进价值提升

## 3.1 源自“爱的驱动”——内驱力

中华民族有博大精深的传统文化，每一个地区又有自己的地域文化。中华传统美德是中华民族流传下来的优秀的品质、精神、习惯。旅游文创产品设计师应通过理解传统文化的实质与内涵，全面传承和发扬传统美德的内在精神，培养自身的设计美德，变被动设计为设计创造，来实现旅游文创产品的价值提升。

### 3.1.1 乐感设计

《论语》记载了中国著名思想家孔子及其弟子的言行，是对中国产生深远影响的儒家文化的经典著作。《论语》开篇“子曰：‘学而时习之，不亦说乎？有朋自远方来，不亦乐乎？人不知而不愠，不亦君子乎？’”李泽厚先生指出，这三句话展现出以儒学为骨干的中国文化的精神——乐感文化，乐感文化又包含三个层次——悦、乐、个体精神。

设计师应该具有“乐感”的设计精神。

首先，设计师为了实现自己的设计理想，就要学习且勇于实践，用知识与技能充实自己，有益于人、于世、于己，于是心悦之，才能收获一种成长的快乐。“悦”仅关乎本人的实践。

其次，设计师作为社会生活的一员，不可能独立存在，要与社会，与旅游市场，与其他设计师、工程师、营销人员紧密配合。团队合作研讨设计，切磋技艺，既能互相促进又能提高效率，岂不快乐？“乐”是主体间的关系情感，是交流与合作的快乐。

最后，设计师要培养个体精神，努力摆脱世俗的牵绊，坚韧，奋斗，“知其不可为而为之”，要树立自己的人格精神，注重自我修养，以平静的心态认清事物的本质。这就是充满想象力的理智。

乐感设计是设计师塑造自我、驱动设计的前提。乐感设计也是对消费者的尊重，体现专业性，由内而外传递出设计师的自我修养，以此引导消费者的消费理念，提高认同感，同时也提高设计师的自信心。

乐感设计也有利于跨界设计。现代设计师需要拓展自己的设计界限，与来自音乐、工程、数学、金融、物理等不同领域的人一起工作。跨界过程需要综合思维的参与，设计师所思考的不再仅仅是造型与美感，而是一种跨越性、突破性、关联性的思维。设计师之间需要讨论如何将新技术、情感和社会评价融入设计。

图 3-1 是斯塔克设计的外星人榨汁机，这是一个非常有名的设计。斯塔克曾经说过：“我的榨汁机不是用来压榨柠檬汁的，它是用来打开话匣子的。”

### 3.1.2　设计的道德与责任

古人说过正义和公平的力量比物质力量更重要，人们必须服从道德与责任，正是因为这种美德使人们信服“仁”的力量。

《论语》提到“仁”的标准：“子张问仁于孔子。孔子曰：‘能行五者于天下，为仁矣。’‘请问之。’曰：‘恭、宽、信、敏、惠。恭则不侮，宽则得众，

图 3-1　外星人榨汁机

信则人任焉，敏则有功，惠则足以使人。’”孔子认为信守五种品德即“仁”，“仁”的核心思想就是道德与责任。道德感与责任感是一个人在社会上获得认可的程度标准，越具有“仁”爱的人，越具有强烈的道德感与责任感。中国传统一直把道德感与责任感作为凝聚集体的重要力量，设计师的道德与责任有利于更多地了解、认知和把握更多的事物。辜鸿铭说过，早期的人类用自然的物质力量来征服和克制人类的激情，随着文明的进步，控制这种激情的力量就是道德的力量。

（1）顺应自然

设计师应抓住事物的自身规律，处理好人心与自然的关系，遵循自然流露。先秦时期的《考工记》早就对遵循事物的客观规律，利用万物自身特点做了论述：“天有时，地有气，材有美，工有巧，合此四者，然后可以为良。材美工巧，然而不良，则不时，不得地气也。”这种朴素的自然观对我们今天的设计师来说仍然很有用。

顺应自然就是指设计师应带着一种历史责任感，尊重自然规律，根据自身具备的物质条件和所处的地域文化环境，在考虑可能性和可行性的基础上，展开创意活动，追求“材尽其能，物尽其用”、朴素自然的大美境界。

（2）见利思义

设计的产业化引发了市场的规模化发展，增加了产品的附加值，使快速发展的市场日益大众化、效益化，消费者的消费观与价值取向也趋向通俗化。在目前这种现状下，面对巨大利益的挑战，设计师应避免设计的低俗化。

《论语・宪问》提到“见利思义，见危授命，久要不忘平生之言，亦可以为成人矣”。这就要求设计师在满足企业用户战略规划与根本利益的基础上，更多地从社会整体利益出发，关注可持续发展，从传统文化中汲取营养，提高自身文化素养，遵循“见利思义”的传统美德，通过设计传递道德正能量。

（3）平等设计

市场上有个普遍现象，那就是设计精美、有个性特点的产品往往是价格昂贵的商品。能让大家都能享受设计的价值，使设计不再昂贵，这就是平等设计。

设计师需要思考如何从自己的立场和消费者的立场出发，避免设计价值被商业价值绑架，让设计附加值回归理性。设计师应注意审慎与节制，避免过度设计带来的设计异化，造成环境破坏和资源危机，甚至产生严重的社会问题。设计师应节约成本，创造出大多数人都能享受的设计附加值。

## 3.2　源自“道”的工匠哲学——理念和信念

### 3.2.1　当代中国设计的疑问

关于设计，问得最多的问题自然是设计的灵魂与精髓是什么，什么才是好设计。对于这两个“问题”，一千个人，或许会有一千个答案。在古代，良好的工匠技艺是体现商品价值最关键的要素，同时也体现出了中华民族的传统工匠精神。从古至今，中国不乏优秀的工艺作品，缂丝、刺绣、竹编、制瓷、民间剪纸等一系列精湛的传统技艺，成就了中国工艺品的辉煌。

现代社会，人们的知识水平及其他各种技能都在不断提升，生活节奏加快。在这种快节奏的生活中，人们往往容易忘记过去的传统，忽视我们优秀的传统技艺。著名纺织品设计师黄素宁讲到“不甘心让中国传统中这些美只能存放在史料中、在博物馆的展柜里，而让那些扭曲丑化中国传统纹样的设计充斥市场”。因此当代设计师应为现代设计注入“工匠精神”灵魂，给传统的手工艺带来新的生命，树立传承与发扬工匠精神的使命感，让使用者更好地体味当下的生活。

设计传承“工匠精神”并不仅仅指手工艺的复兴，还指在新时代更需要重新解释工匠精神的时代意义。怎样才能做出以中国传统文化、以传统手工艺为内在核心的现代设计？如何让当代的设计师成为沟通古今的桥梁，使手工艺人的“匠人精神”得以延续？这都要求设计师更加深入地了解传统文化，体验传统文化，真正理解和把握“工匠精神”的真正意义。当代设计师不仅要提升消费者对传统文化与民间手艺的体验感，还要为消费者提供具有“工匠精神”的现代设计，并且要将传统的手工艺推向大众，以此来提升商品自身的价值。

### 3.2.2 工匠精神及其当代价值

“工匠精神”是传统手工艺从业者对产品质量的精益求精、对产品设计的匠心独运、对技艺的极致追求、为制作出完美物件竭尽全力的精神与物质层面的追求。“工匠精神”在当代社会中对于设计活动仍然具有重大的时代价值，是优良制造的精神所在，能够帮助从业者实现自我价值。

### 3.2.3 传统手工艺的传承

传统手工艺的定义，我们借用日本“民艺之父”柳宗悦的说法，即民众在日常社会活动中使用的工艺品。把手工艺定义为日常用品，就不会将传统手工艺架空而使其脱离审美范畴，使得传统的精益求精的工匠精神更加贴近我们的生活。我们生活中的美不仅仅是在纯粹的艺术活动中产生的，生活中美的根基必须是为满足美好生活而进行的真挚的制造活动。传统手工艺从业者其实并没有受过刻意的关于美、形态或者色彩的专业训练，但他们的造物境界又是如此的优雅，或者说“高级”。

手工艺的美是通过劳动创造出来的，通过劳动所产生的美不只是一种表面的美。在社会的生产活动中，劳动与技术的关系是十分密切的，熟练的技术则是通过劳动的无数次反复训练得到的，所有的“道”都要经过无数次反复实践才可以获取。普通日用品通过手工艺从业者的创作，体现出人类的审美本能与美学规律，让日常之美通向理想的器物之美的领域。这些平凡的工匠、创造生活用品的手工艺从业者们，他们依然保持着活跃的创造力，展现给世人精彩的手工艺之美，这也就是现代设计师必须研究传统手工艺与传承工匠精神的意义。

(1) 切实了解手工艺的材料和原理

现代的设计师要通过劳动的实践，切实了解手工艺的材料和原理，感受手工艺创造的价值。在劳动中体会工匠精神，从而激发潜藏在现代设计师身体里、通过感应自然获取的创意思维与造物能力。

(2) 了解手工艺的美

现代设计师的使命不应当仅仅是关注器物的美的问题，也应该把手工艺这种社会活动的美纳入研究。传统手工艺的美的核心在于其精益求精、追求极致的精神——工匠精神，对于标准的不妥协，追求认真与执着，只是为了达到美与实用的完美结合，这也正是包括现代设计在内的各行各业急需的一种行业品质。

(3) 传承灵魂，启迪未来

对于传统手工艺，“传承”是绕不开的，这里所说的“传承”并不是指一味地继承，而是要具有时代特点。认识传统才能创造未来，现代设计师可以通过研究传统手工艺发展脉络，了解设计发展的规律；通过手工艺劳动的实践，去了解有关设计的原理，并且在这些设计的感悟中创造如今和未来的生活之美。

现代的设计师们需要传统手工艺的启迪，需要更加深入探寻传统技艺美的规律，以便做出创新的现代设计。现代的设计师要通过体会手工艺的价值，以此来开启自己眼睛和双手发现美、创造美的能力。通过我们周围所处的普通生活环境和日夜交替的自然环境发现规律，来获取创新的力量。

传统与现代化在本质上并不存在完全的相互排斥，传统的可以通过现代化的方式进行重新整合，它的意义也就会随社会的发展而被重新定义。所谓未来其实就是未知，如果我们能够知道未知，它就不能算未来了；未来也代表创造性，创造性也是代表一种未知。所以对待未来，要用开放的心态去包容和接纳它。如果我们不能去包容这些未知，那可能我们支持的都是在我们的理解和审美范围之内的，这就扼杀了创造力。

对于手工艺技艺和手工艺作品所追求的精益求精只是工匠精神的外在表现，这些并不是工匠们追寻的真正目的。精湛的技艺只是通向“道”的一个途径，我们只有通过手中的劳动实践感悟到“道”的真正内涵，才会将人生的意义拓展到无限。以技艺为入口理解世界，窥探生活的美，才会使得我们可以由“游于艺”的状态，进入到“心合于道”的意境。

手工艺者与设计师之间有着区别和联系，手工艺者可以运用其精湛的技艺对要处理的材料及加工方法进行微妙调整，而设计师要做的工作是将产品的使用者、产品的制造者以及产品流通等众多环节进行协调。手工艺者与设计师在社会活动中的职责不同，却有共同的特点，那就是为了满足使用者的需求而去制作。一个现代设计师也许永远无法把一个具体的手工艺做到精湛，但是现代的设计师可以将手工艺的特点、元素运用到现代设计之中，使其为现代的设计所用，以此来践行工匠精神。

人类作为一种社会性的存在，是通过人体的视觉、听觉、嗅觉、味觉、触觉五个感官来感受日常生活的。"用心制作"，不是纯粹地去制作物品而是全身心地投入其中，给制造的物品注入灵魂，这便是传统的手工艺传递的真理。

当代设计师的时代使命便是要深入了解手工艺的发源与实践，以及工匠精神的时代精神与时代意义，并与手工艺人面对面地交流，建立起传统与当代的桥梁。在传统与现代的彼此理解和磨合中，现代的中国设计师迫切需要做的是发现关于文化、关于传统手艺、关于当代设计的感悟与灵感，做出具有中国特色的好设计。

工匠精神的基本要求与美德，是工匠在制造过程中发挥将理智与实践相结合的创造精神，在制作过程中追求极致，无论是技艺还是所制作的作品都要求精益求精，由内而外地达到一种"道器合一"的境界。

## 3.3　源自"术"的工作思维——方法论

### 3.3.1　一丝不苟的制造精神

对于从事手工艺的工匠来说，进行器物制造的过程与标准化的大批量工业生产有所不同，在工匠定义下的"制造"是一个再次创造的过程。工匠凭借其精湛的技艺进行器物的制造，工匠对自身有着严苛的技术标准和挑剔的审美标准，他们要求每件产品都至善至美，这种状态下的造物就不再是一件普通的产品。匠人若要达到此种制造的境界，不仅要有精湛纯熟的技艺，还要拥有平和的制造心态。在当今浮躁的社会背景下，工匠们就需要这样的“制造”精神。

从事手工艺的工匠所用的“造物”技艺既是工匠制造水平的体现，也是工匠内在的智慧与灵感的集中体现，这种创造精神更能体现工匠精神的灵魂。工匠们根据自身劳动实践过程中积累的技术经验，对前人的发明或技艺进行改良式的创造，推陈出新，革故鼎新，推进了“术”的发展，这是工匠们精益求精的创造精神的表现。

### 3.3.2 知行合一的实践精神

我们可以从“知”与“行”两方面对工匠的技术实践活动进行描述。“知”和“行”自始至终伴随工匠的职业生涯，工匠的技艺若想要得到持续的精进，便要从学徒时起直到职业生涯的终止不停地学习师傅传授的各种技艺。在实践中不断地总结自己对于技艺“心得”的感悟，并长年累月地坚持；工匠的“行”则是要求其对自己所制造的器物、自己掌握的手艺进行批判地认知。“知”“行”的结合程度直接影响工匠技艺造诣的高低，工匠们在技艺的操持过程中若能做到知行合一，就能更好地发挥出自身的技艺水平。

### 3.3.3 实现自我价值的“术”

技术的系统是一个融合人的主体意志、社会影响、制作过程等多种因素的综合性系统。在这个系统中，主体的需求和目标贯穿始终，而这种需求和目标的取得又是建立在主体的自然属性和社会属性共同作用的基础上的，使得任何一种技术的发明、运用以及被颠覆都不可避免地受到这种共同作用的影响。同时，这种影响的潜在性特征，也成为导致技术自律性发展，并成为一个独立、复杂的系统的根本原因。“由术近道”是中国传统手工艺思想中技术的最高境界，即所谓“故通于天地者，德也；行于万物者，道也；上治人者，事也；能有所艺者，技也。技兼于事，事兼于义，义兼于德，德兼于道，道兼于天”（《庄子》）。而这种最高境界的把握，并不是通过逻辑思维和实证性的检测，而是通过实践过程中的“用心体悟”，这也正体现了中国科学思想史上的一种独特的思维方法，一种以经验、直觉、意象思维为基础，整体性把握事物本质的方式。

“术”是结果，更是过程。技艺的掌握需要经年累月的锤炼，是经验在实践中累积并生成的结果。个体的差异包含个体对技艺理解、运用的差异，包含技艺在实施过程中的差异，正是这些差异构成了手工艺的个性化和多样化的特征，使得即使采用同样的材质、同样的工艺，所得到的手工艺产品也会有着不一样的特质。

“术”作为中介环节，其中的一些成分被技术的自律性发展所忽视，这一部分便是人的精神追求和自我实现的意义。设计师为了向用户传递设计理念，就需要运用情感化的演绎方法去吸引用户，并将希望传递的核心与审美，用具体的表现手法呈现在用户面前。

## 3.4　源自“器”的专业技术——学习能力

### 3.4.1　“器”与造物

“器”是人类为满足自身某种需求，借助自然物而创造出的人造物。作为人造物，“器”首先是人的技艺实践对自然物进行价值交换的结果或产物，是通过人的实践活动将存在于人意识之中的理念模型具象化，将自然对象转变为新的人工对象的过程和结果。人造物较自然物有着更加明确的目的，而形成这种明确目的的原因在于人们不断增长的需求。“器”不仅承载着人工技艺的成果和价值判断的分析和期望，同时也承担着人对于人造物的价值判断标准，“成器”是对成为“器”的物之性能与品质的综合要求。

器的存在，首先是依据人的“理念模型”对材料的加工和成型的结果。在这里，材料作为物化的载体，加工过程中的人力、工具和蕴含在人的意识之中的目标追求构成了“成器”的主导力量。

对于一个器物的价值认同，并不仅仅取决于其实用的或功利的价值，也取决于其材质、形态和功能设置的规律性。器的意义可以延伸至形容人的气质和品格，说明“器”的意义更多地被赋予了抽象了的“善”与“美”的价值判断，即“善”所体现的适用与“美”所体现的愉悦；也同时展现出“成器”过程中对于主体人的潜移默化的塑造力量。

随着现代化进程的推进，机械化大批量生产正逐步取代传统手工业生产，传统的手工艺从业者将会慢慢减少。工匠精神是传统手工艺从业者对产品质量的精益求精、对产品设计的匠心独运、对技艺的极致追求、为制作出完美物件竭尽全力的精神与物质层面的追求。现代社会依然需要这种工匠精神。

### 3.4.2 传统“器”的生存环境

工匠精神是工业制造的灵魂，亦是当代设计师的灵魂。日本著名的设计师喜多俊之认为应“给设计以灵魂”，现代设计师就是给设计赋予灵魂的操作者。例如，宜兴紫砂茶壶是中国传统茶具之一，手工制作的紫砂茶壶以其独特的工艺和精湛的技艺而闻名。每个茶壶都是由工匠用纯手工制作而成，形态各异，器形优美，功能独特。游客可以在旅游地区购买到这些精美的紫砂茶壶，品尝当地茶文化的同时，也可以带回一件独具工匠精神的艺术品（图 3-2）。再如，苏绣是中国传统的手工刺绣技艺，常用于制作绣花手帕、绣花手机壳、绣花包等产品。这些手工制作的苏绣产品具有细腻的刺绣工艺，充满着浓郁的中国传统文化元素，体现了工匠的用心与精湛的技艺（图 3-3）。

图 3-2　宜兴紫砂壶

图 3-3　苏绣

借用传统工艺并不是奉行“拿来主义”，在设计过程中不能只是对传统工艺粗劣地模仿，而是要把传统技艺和工匠精神应用在现代的产品之中。在现代化的消费的前提下，我们所面临的最大问题是，怎么让传统手工艺在新的环境中生存？如果没有一个适合传统手工艺的生存环境，传统手工艺的延续是很困难的，甚至面临着逐渐消亡。旅游文创产品正是传统手工艺的新的生存环境，旅游文创产品设计师应该引导旅游消费者提高对手工艺品的尊重，愿意为手工艺品买单。

例如民族手工艺品（图 3-4），在中国的少数民族聚集地，游客可以购买到各民族传统的手工艺品，如彝族的绣花衣、藏族的银饰、蒙古族的马头琴等。这些手工艺品体现了不同民族的文化特色和工匠的匠心精神，让游客领略到中国多样化的民族文化。一些旅游地区将传统的剪纸（图 3-5）和木雕工艺融合，创作出独特的剪纸木雕艺术品。这些产品以木雕为底，再用剪纸技艺进行装饰，兼具了两种工艺的特色，展现了工匠精神与传统文化的完美结合。

图 3-4　民族手工艺品

图 3-5　剪纸

### 3.4.3　“器”培养设计师的学习能力

造物是一种连续的创造过程，是一个不断对技艺、产品进行提升完善的过程。传统的造物活动是建立在自由精神的基础上的。因此，当代设计师应继承“器”的精神，学会在工作中学习，在劳动过程中了解“器”的使用并提高自己的能力及技能，真正把创造性建立在工匠精神的土壤上。

(1) 工匠精神能够帮助设计师实现自我价值

对于一个现代设计师而言，最佳的设计状态是能够自由完全地表达自己的意志，对工作过程具有相对完全的控制，可以根据自己的意志控制产品的构造，在设计作品中渗透自己的思想，体现自我对世界的理解与认识，通过工作让精神获得客观化的表达。而工匠精神能够帮助设计师实现最佳的设计状态，按照工匠精神来要求自己，设计师就会进入忘我的投入状态，此时工作成为生命的一部分，是围绕着设计师而展开的一种生命活动。设计师进入“投入的人生状态”时，工作本身就是生命的外在表达，那么所从事的设计工作会变成愉快的事情，成为实现自我价值的平台。

（2）工匠精神有助于设计师建立亲密的情感

传统的工匠生活是“一切手工技艺，皆由口传心授”。技艺传授过程是师傅对徒弟耳提面命，在一起朝夕相处的结果，传授专业技艺只是一方面，更重要的是传授坚韧、耐心、专注、精益求精的工匠精神。通过这种方式培育匠人，整个制作过程就是人与人之间的情感交流与行为感染的过程。工匠精神有助于促进设计师之间的情感交流，使其在工作中感受到人性的温暖。

（3）工匠精神有助于设计师建立亲密的人与物关系

现代化的大批量工业生产是一种标准化、单一化的存在，缺少独特性和人情味，没有传统的“造物”所拥有的亲切感。在传统生产活动中，工匠与产品的感情更深，现代设计师应当在从产品的构思到完成的整个过程中，全面考虑影响产品的各方面因素，并为此进行深入的思考，不能把一件产品仅仅看成是商品，而更多的是认为产品应当体现设计师自己的声誉、尊严与道德品格，并以此建立亲密的人与物关系。

## 3.5　传承文化，面向未来

在一个日新月异的时代，一个工业经济的时代，一个消费经济的时代，如何创造出具有新时代精神的“道”“术”？如果我们不能提高自己的认知高度，对传统手工艺不采取措施，传统的手工艺是会消亡的。传统手工艺如糖塑（图 3-6）、砖雕（图 3-7）、木版水印（图 3-8）、毛猴（图 3-9）以及皮影戏、布袋木偶、提线木偶等，都需要我们尽力保护和传承。

在社会发展的新时代，人们的生活、生产方式也会发生相应的变革。面对丰富而悠久的中国传统，我们该如何传承？有很多人认为继承传统，就是去模仿我们的古人，认为这才是对传统文化的尊重与继承。古人在他们所处的时代所创造的风格，是对他们所处时代的回应，而我们现在如果还仅仅模仿古人的

图 3-6 糖塑

图 3-7 砖雕

风格却不去作出对我们所处时代的回应，那本身就是一种错误做法。新时代的中国设计师首先要深入了解传统文化，看到新时代中国的特点，不要一味地去模仿传统，而要找到能为新时代所用的传统精神，如不会随时间流逝而流逝的精益求精的“工匠精神”。

图 3-8　木版水印

图 3-9　毛猴

在现代设计发展日益呈现多元化的今天，好的设计创新大都需要以传统文化艺术作为依托，才能显示其独有的魅力和旺盛的生命力。中国文化自身已从传统形态走向现代形态，中国文化是内倾的、静的、直觉的、人文的，注重伦常，注重情感、友爱和他人感受。例如，我们有哲学、美学的思想，更有独特的审美理念，这是设计者取之不尽、用之不竭的创作源泉。设计师既可以借鉴中华民族传统文化中的精髓，又可以通过设计向消费者传递传统文化信息，最终做到潜移默化地影响消费者。

人类文明演化的过程中始终存在着两种推动力，一种是人本主义，它是以弘扬人的主体性为特征的，而另一种则是科学精神，它是可计算、可定量的。这两种推动力自始至终都处于激烈的碰撞之中，相互促进，相互平衡。而现代社会有的人的最终目的有时候只是寻求经济利益的最大化，这样就打破了两者之间的平衡，造成了社会的畸形发展。百年不衰的世界名牌产品的历史经验告诉我们，只有传承优秀传统文化中的精髓——工匠精神，把它始终贯穿于工作中，追求完美、极致，才有可能真正实现中国的工业强国梦想。从中国“制造”升级为中国“智造”，应当充分传承、弘扬“工匠精神”，这也是当代每一位中国设计师的历史使命与时代要求。

第4章

# 设计应以消费者为导向

## 4.1 设计应基于消费者的角度

在经济快速发展的环境下，随着人们经济收入的提高，消费者在吃、住、行、游、购、娱六个方面具有极大的需求，这也正是发展旅游文创产品的重要契机。传统的旅游文创产品着重点在于观赏性，实用功能并不强，过去那种单纯依靠外部形状改变的产品，当下已经很难再使消费者产生兴趣，情感上的刺激和购买欲自然也会慢慢降低。在当前新旧动能转换的新形势下，要寻求旅游文创产品的可持续发展，就要站在消费者的角度去研究情感与功能并存的旅游文创产品。

### 4.1.1 设计应强调创新性

创新是各行业最常提到的一个词，基于旅游文创产品价值提升的要求，我们对创新的理解为：创新的本质目的是让消费者产生精神上的共鸣和情感上的满足，从而激发消费者的购买欲。在新时代、新动能的引导下，针对当前消费者更多倾向于自身沉浸式体验的特点，设计师需要更好地体会用户需求，通过创新满足需求，才能做到可持续发展。

因此旅游文创产品可持续发展首先要明确是“为谁”，旅游文创产品创新不是为景区领导，也不是为设计者自己，而是要围绕旅游的消费者进行。创新需要站在消费者的角度来探索，了解消费者真正的需求，挖掘出消费者的消费欲望，利用设计创新的力量让产品与消费者之间产生沟通，刺激消费者的购买欲，使其产生购买动力，最终引导消费者进行消费。

### 4.1.2 设计应注重商品与人的交流——互动性

互动性强调的是商品与消费者的交互性，是商品与消费者之间的相互交流、沟通进而产生的产品体验，受众用视觉、听觉、嗅觉等各种行为方式感受着周围的一切，经过消化，反馈出去。好的旅游文创产品不仅仅是有用的、好用的，更为重要的是通过硬件交互设计，产生人与物之间的互动体验。

(1) 消费者在观察使用产品过程中产生互动

计算机产品在使用中的交互设计从最初的纸带打孔，发展到键盘输入、鼠标输入，再到如今的触摸操作和语音识别，3D 手势追踪（图 4-1），眼部、手势追踪（图 4-2），面部识别（图 4-3）等，技术日渐成熟。产品与人的互动性最核心的体现是产品要符合人体的自然动作，让人们以最舒适的方式获取信息。

(2) 消费者与产品在网络上具有互动性

消费者在购买商品的同时，可以通过网络分享增加受众面积，激发潜在的消费。

(3) 消费者参与设计

让消费者参与到设计之中，可以创造出独特的商品，从而使消费者心灵上

图 4-1　3D 手势追踪

图 4-2　眼部、手势追踪

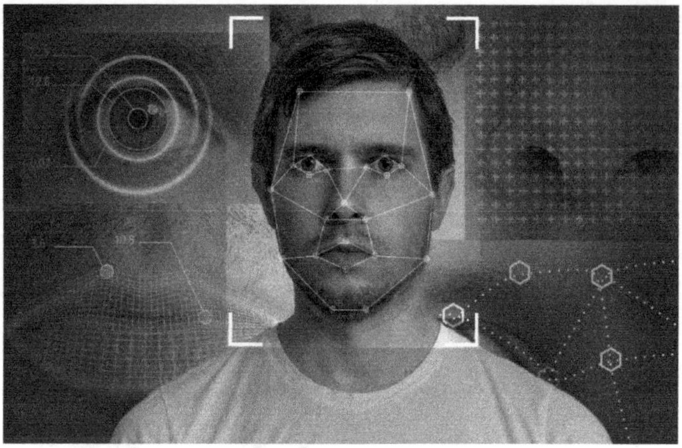

图 4-3 面部识别

产生满足感。消费者不喜欢一成不变的设计，例如 DIY 的方式可以增强旅游文创产品与消费者之间的互动性，从而实现旅游文创产品的个性化与品牌化。

### 4.1.3 设计应强调实用性与文化性

注重实用性越来越成为旅游文创产品可持续发展的新模式之一，一件商品如果除了纪念意义之外还有实用意义，将会得到更多消费者的青睐。在现代设计发展日益呈现多元化的今天，好的设计创新大都需要以传统文化、艺术作为依托，既能帮助人们提高生活品质，又能显示出旅游文创产品独有的魅力和旺盛的生命力，促进新旧动能转换下的旅游文创产品实现快速发展，推动中国原创商品走向世界。

### 4.1.4 旅游文创产品的营销应注重服务性

现阶段的旅游文创产品商店购物环境的用户体验感普遍较差，店铺与景区之间联系性不是很强。因此，旅游文创产品的购物环境应趋于人性化，具有更高的舒适度，注重消费者精神层面的感受，使消费者对景区的文化具有较强的参与感，对旅游文创产品有认同感。

景区旅游文创产品的服务环境应具有鲜明的主题性、文化的展示性和游客的体验性，优质的环境对消费者自身的生理、心理具有刺激效应，使其在面对旅游文创产品时，始终充满着热情。

## 4.2　旅游文创产品设计应注重消费者的心理研究

任何商品的流通都离不开一个载体——消费者，消费者是最能体现商品优劣的评判标准，研究消费者的心理能够使旅游文创产品更加贴近消费者的需求。

### 4.2.1　消费心理发展阶段

消费者的心理需求经历了三个发展阶段。

第一阶段，单纯购买，以价格为重。

这个阶段一般发生在经济发展的初期，由于经济的不发达，人均购买能力较为低下，一件商品自身的价格属性是消费者最为关注的。价格是否贴近消费者，商品自身质量是否稳定可靠，是消费者评判与购买的标准。当时商品市场处于初期发展阶段，各个生产方都加紧生产商品，但不能满足更多消费者的额外需求。这种市场上的需求关系不平衡，往往会使得各大生产方无暇关心消费者的需求，力求商品更加快速地生产制造，商品外形统一化、标准化。消费者所面对的是大批价格低廉、外观相同或相近的商品，自然形成了单纯购买、以价格为重的消费心理。

第二阶段，追求产品的外观与质量的差异性。

该阶段消费者的生活水平较第一阶段有了明显的提升，消费者购买商品的观念也从“单纯购买，以价格为重”转变为在同类商品中追求差异性，从之前单纯接受统一批量化生产的商品转变为追求外观新颖、质量上乘、更加好用的商品。而这个阶段商品生产效率已经远远高于消费效率，使得商品市场的主导权从商品生产企业转移到消费者的手里，生产企业从之前的单一生产与销售方式转变为围绕对消费者的刺激而进行生产与销售。

第三阶段，注重自身心灵体验与感受。

随着经济快速发展，消费者心理也发生了巨大的转变。快速经济模式下，消费者在工作、生活中的压力也不断增加。越来越多的消费者开始重视自身身心健康，寻找心灵的慰藉，对商品的选择则更加注重身心的体验感。选择商品时由原先重视商品外观和质量上的差异，慢慢转化为注重自身的体验与感受，追求的是商品能否带来心灵上的共鸣与满足。

### 4.2.2 消费心理形成的因素

当下我国旅游者消费心理的形成，首先与中华民族五千年沉淀下来的民族文化有着密不可分的关系，这种民族文化潜移默化地影响着消费者的消费心理。例如，南北方购买商品的差异性，一些北方消费者在购买商品时喜欢大批量采购，而一些南方消费者在购买商品时更多遵循需求的多少。

个体因素对消费心理也有影响，消费者的年龄、收入、性别、受教育程度等等都是影响因素。如性别因素导致男女消费者在购买商品时的差异性。女性消费者对于商品的外观及商品内在的情感内涵尤为关注，而男性消费者购买商品时更注重商品的实用性、便捷性等。高等教育不断普及，消费者对于快速更迭的商品具有较强的接受能力，高学历的年轻一代消费者成为市场的主力军，而他们更多考虑的是商品是否更加贴合自身心理需求，是否更具有挑战性、创新性。

### 4.2.3 消费者消费心理变化

消费行为受到消费心理的影响，消费心理受形形色色的商品的引导，人们因此出现各种不同的心理状态。据齐鲁壹点报道，“消费升级在 2017 年大爆发，品质化、个性化需求不断释放，从重需求到重体验，人们的消费呈现出明显的升级特征，这说明消费者越发关注提升生活品质”。“注重品质”的购买心理，即注重自身的感觉需求与产品质量。这充分反映出随着经济的快速发展，广大消费者正在寻求更多的精神和物质品质上的满足。这就需要我们适时调整旅游文创产品的设计和发展方向，注重商品的精神与功能并存。

## 4.3　物和情境的结合

如表 4-1 所示，一件产品的设计构成包含两大因素——情感因素和功能因素。功能是商品必不可少的一项基本属性，没有了功能的产品就像缺少核心。功能是商品的物质外壳，而情感则是商品的内在精神，只有两者相互结合，商品才算真正的完整。

表 4-1　产品外形要素的情感与功能属性

<table>
<tr><th colspan="2">外形要素</th><th>情感属性</th><th>功能属性</th></tr>
<tr><td rowspan="3">点</td><td>单点</td><td>简洁、单纯、缺少层次</td><td>力的中心点</td></tr>
<tr><td>多点</td><td>节奏感、动荡感、深入感</td><td>稳定</td></tr>
<tr><td>圆点</td><td>完美、运动感、柔顺</td><td>平稳</td></tr>
<tr><td rowspan="12">线</td><td>直线</td><td>明快、力量、速度感、紧张感</td><td rowspan="12">可以划分空间并引导消费者的视线，分割内容，引导内容，画出重点</td></tr>
<tr><td>曲线</td><td>优雅、流动、柔和感、节奏感</td></tr>
<tr><td>粗线</td><td>厚重、醒目、有力</td></tr>
<tr><td>斜线</td><td>飞跃、下滑</td></tr>
<tr><td>细线</td><td>纤细、锐利、微弱</td></tr>
<tr><td>折线</td><td>动荡、焦躁不安</td></tr>
<tr><td>虚线</td><td>古朴、神秘、柔弱</td></tr>
<tr><td>曲线</td><td>速度感、力量</td></tr>
<tr><td>大弧线</td><td>有力、弹性</td></tr>
<tr><td>小弧线</td><td>杂乱</td></tr>
<tr><td>几何曲线</td><td>规范、典雅、柔软、呆板</td></tr>
<tr><td>封闭的线</td><td>自由、轻快、极富表现力、随意、柔弱</td></tr>
</table>

续表

<table>
<tr><th colspan="2">外形要素</th><th>情感属性</th><th>功能属性</th></tr>
<tr><td rowspan="4">面</td><td>自由形面</td><td>人情味、典雅、舒适、柔软</td><td rowspan="4">面的量感和体积感在版面中起到稳定作用，可以表现二维空间中的立体形态，使之产生三维空间感，丰富层次</td></tr>
<tr><td>角形面</td><td>刺激、鲜明、醒目</td></tr>
<tr><td>正圆形面</td><td>过于完美、缺少变化</td></tr>
<tr><td>偏圆形面</td><td>严谨、呆板</td></tr>
<tr><td rowspan="5">体</td><td>不规则的体</td><td>遗憾、叹息</td><td>多变的造型</td></tr>
<tr><td>三角体</td><td>稳定</td><td rowspan="2">警示、明确的指示性</td></tr>
<tr><td>倒三角体</td><td>紧张、摇摆不定</td></tr>
<tr><td>矩形体</td><td>平稳、沉着</td><td>稳定、对称、平衡</td></tr>
<tr><td>球体</td><td>圆满、充实、包容、博爱</td><td>圆滑</td></tr>
<tr><td rowspan="5">结构</td><td>框架构造</td><td>秩序</td><td>稳定</td></tr>
<tr><td>垒积构造</td><td>多变、层次性</td><td>较强承受力</td></tr>
<tr><td>网架构造</td><td>层次性</td><td>不变形</td></tr>
<tr><td>拉伸构造</td><td>具有反抗力</td><td>较强拉伸性</td></tr>
<tr><td>线织面</td><td>层次性</td><td>多变</td></tr>
</table>

### 4.3.1 商品信息传递的窗口——形态

商品通过形态的设计，形成一定的外在形式，它不仅包含着一定的功能因素，而且通过外观形态传递出更深层次的信息，带给消费者不同的视觉刺激，从而达到情感传输的目的。

视觉是人类最普遍拥有的感觉功能，消费者对产品最初的感知是源于视觉所带来的视知觉。产品形态作为实用信息的视觉载体，可以蕴含丰富的文化内涵，能够给我们带来更多的联想和想象，唤醒人们内心的某种记忆或迎合人们的爱好，或是让某种集体潜意识觉醒，最终带给我们更为深刻的体验。如一幅绘画作品并不单纯只是画面形式，而是包含着创造者和观赏者的主观意识、社会背景、文化层次、情感经历等，这是一件成功的艺术作品不可或缺的要素，同样也是设计品所应该具有的。

产品的形态通过知觉对人产生心理作用，形式既可令人愉快，又可令人乏味；既可美丽，又可丑陋；既可精美，又可粗俗。只有形式对心灵产生作用时，我们才能理解和欣赏一件设计作品。产品的形态存在于三维空间中，当人们审视一件作品时，首先关注的是视觉形态，人们会迅速地通过视觉观察对产品形态美产生一种心理感受，当整体的初步判断形成后，好的设计会给人带来心理上的联想与想象空间；接下来，人们才会细致地观察和了解产品的功能属性、加工工艺等。因此视觉力、平衡等形式的张力，空间结构与表现力不仅能产生不同的形式美感，而且能在心理上带给我们不同的情感启发，最终让我们理解、接受该设计。

图 4-4～图 4-16 为常见产品外形。

形态的不同组成要素都会有自己的情感与功能属性，像简单块状、对称的形态大都给人以稳固、淳朴的直观感受，如在家具设计上常使用这样的形态特征，给人一种宁静、典雅、稳重的内心感受。造型凹凸、互补的形态大多给人以丰富的层次感和对比感，容易让人产生联想。自由曲面、流畅的形态大多给人以富有节奏、具有韵律、自由亲切的动态美感，其形态的灵活性可以改变产品原有材质的质感和重量感在人们心中的印象。这些形态的多变性，也赋予商品不同的情感属性以及不同的功能属性。

图 4-4　点

图 4-5　直线

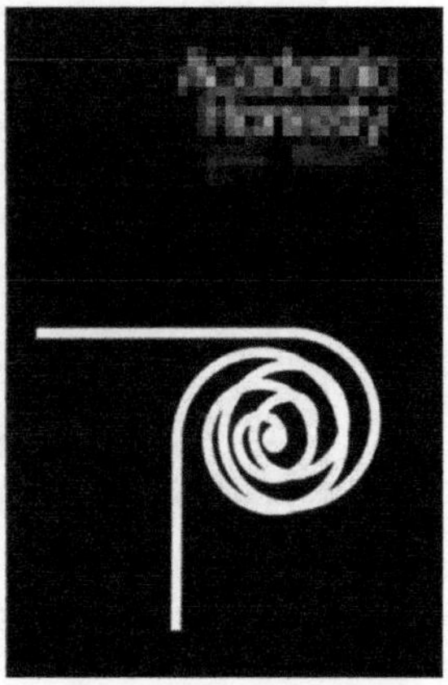

图 4-6　曲线

图 4-7　面（1）

图 4-8　面（2）

图 4-9　矩形体

图 4-10　框架构造（1）

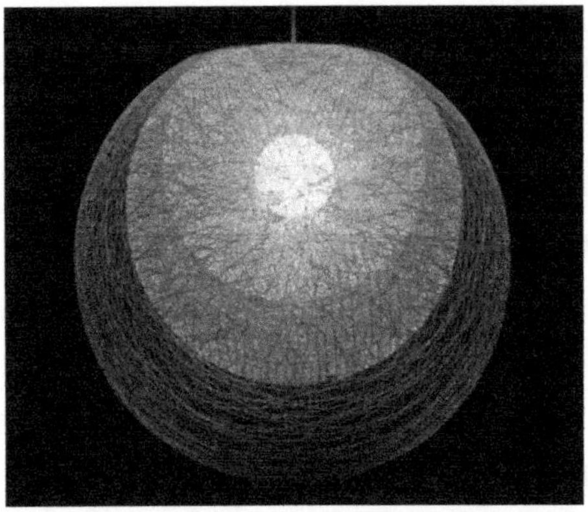
图 4-11　球体

图 4-12　不规则的体

图 4-13　三角体

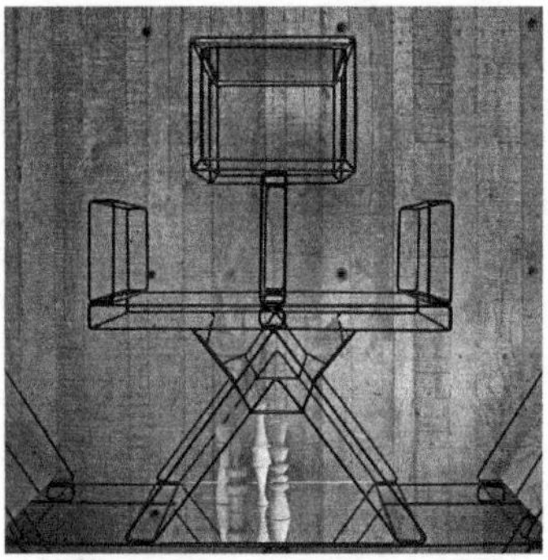
图 4-14　框架构造（2）

图 4-15　线织面

图 4-16　拉伸构造

### 4.3.2 商品最动人的要素——色彩

对于一件商品，设计师在追求其外观结构与功能性的同时，也要考虑其色彩。色彩作为设计的一个重要的构成要素，成为用来传达产品信息，刺激消费者并使其产生不同心理变化的设计手段。

如表 4-2 所示，色彩对人的影响是客观存在的，它包含了众多的情感属性，如人们在接触红色时会感到温暖，接触蓝色时会感到寒冷。色彩还能产生轻重、强弱、明快与忧郁、前进与后退、膨胀与收缩、兴奋与恬静、华美与质朴等感觉。如表 4-3 所示，色彩的各种感觉是心理作用的结果，色彩具有联想性与象征性。人在认识和辨别自然界色彩的同时，也常将色彩与一些相对应的事物联想起来，这就是色彩联想。色彩联想是通过我们已有的经验、记忆而取得的，它有时是抽象的，有时又是具象的。色彩联想丰富了色彩的语言。图 4-17～图 4-26 为常见色彩的产品。

**表 4-2 色彩的情感与功能属性**

| 颜色 | 情感属性 | 功能属性 |
|---|---|---|
| 红色 | 喜悦、温暖、愤怒、兴奋、危险、刺激 | 刺激注意力、增进食欲、无限活力 |
| 粉色 | 温暖、女性、安静、甜蜜、温馨 | 女性用品 |
| 橙色 | 快乐、满足、暖和、力量、积极、亲近 | 食品包装、警告标志 |
| 褐色 | 可信赖、稳重、严肃、敦厚、忍耐、乏味、沉重 | 传统家具、皮革制品 |
| 蓝色 | 寒冷、信赖、智慧、宁静、稳定 | 银行、金融单位、高科技、医院 |
| 绿色 | 安静、生命力、新鲜、满足、松弛 | 动植物制品、环保 |
| 紫色 | 孤独、不自然、不安全、神秘、具有红色火热的一面和蓝色宁静的一面 | 高档时装、包装 |
| 白色 | 冰冷、安全、单纯、干净、轻盈 | 医院、厨卫设施、电器 |
| 黑色 | 力量、恐惧、沉闷、坚固、危险 | 电子产品、男性用品 |
| 灰色 | 平淡、无刺激、安宁、乏味 | 高科技产品、现代艺术作品 |

图 4-17　红色产品

图 4-18　粉色产品

图 4-19　橙色产品

图 4-20　绿色产品

图 4-21　蓝色产品

图 4-22　褐色产品

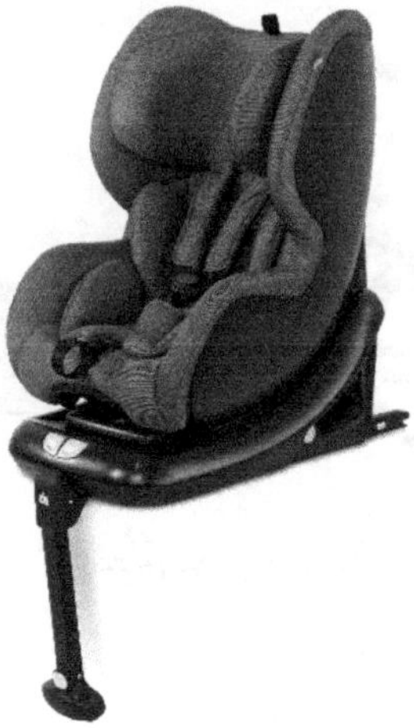

图 4-23　紫色产品

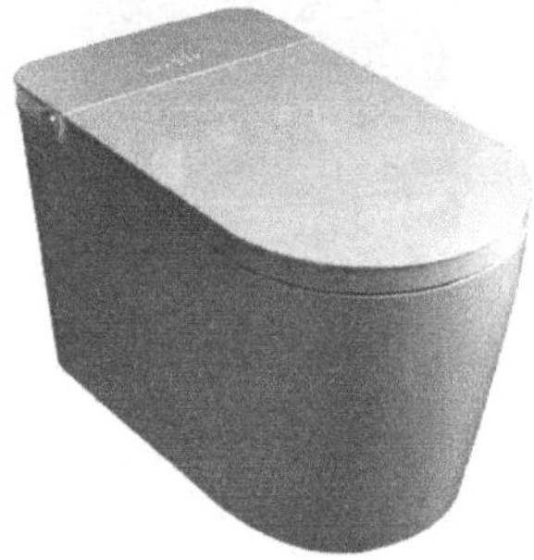

图 4-24　白色产品

图 4-25　黑色产品

图 4-26　灰色产品

**表 4-3　色彩联想表**

| 色彩 | 联想 |
| --- | --- |
| 红色 | 火、血、太阳 |
| 橙色 | 柳橙、秋叶 |
| 黄色 | 晨光、闪电 |
| 绿色 | 大地、草原 |
| 蓝色 | 天空、大海 |
| 紫色 | 葡萄 |

续表

| 色彩 | 联想 |
| --- | --- |
| 黑色 | 暗夜、巫师 |
| 白色 | 云、雪 |
| 灰色 | 水泥、鼠 |

如表 4-4 所示，除了色彩联想，色彩的明度与纯度对比也具有不同的视觉属性。

**表 4-4　色彩对比的视觉属性**

| 色彩对比 | | 视觉属性 |
| --- | --- | --- |
| 明度对比 | 高明度 | 轻快、纯洁、淡雅 |
| | 中明度 | 含蓄、稳重、明确 |
| | 低明度 | 浑厚、沉重、压抑 |
| 纯度对比 | 高纯度 | 明亮 |
| | 中纯度 | 低调 |
| | 低纯度 | 无生气 |

色彩是一种语言，产品的造型魅力、性格以及所包含的视觉传达方面的各类信息，大半是由色彩来完成的。了解色彩对于消费者的视觉情绪影响，是尤为重要的。

### 4.3.3　产品百变衣——材质

材料是人类在地球上赖以生存和发展的物质基础，是我们进行各项生产时不可或缺的物质基础，人类的创造性活动就是合理地利用材料而得以实现的。现代科技不断进步，使得材料不但具有普遍性，还具有更多样的变化，这也能够让更多的材料通过不同的制造方法，带给消费者更多的情感因素。

如表 4-5 所示，材质的运用可以表达出产品的性格特征，从而在消费者的心中引发共鸣。自古以来，人类的创造离不开自然界的万物，木头、石头之类的材质带给人们古典、自然、朴实的感觉，而塑料、玻璃之类的材质带给人们一种现代的感觉。材质的情感属性就像颜料的色彩一样，材质间的相互配合也会产生一定的反应，从而达到和谐共生的效果。一款好的商品通过材质选择与加工，使消费者心理上产生情感的共鸣。

**表 4-5　材质的情感与功能属性**

| 材质 | 情感属性 | 功能属性 |
| --- | --- | --- |
| 黄金 | 高贵、华丽、奢侈 | 延展性、可塑性强 |
| 银子 | 华丽 | 延展性、可塑性 |
| 铂金 | 高贵、华丽、奢侈 | 延展性、可塑性强 |
| 青铜 | 神秘 | 适合铸造 |
| 不锈钢 | 冰冷、疏远、精密、品质卓越 | 表面耐空气氧化 |
| 铝 | 未来、太空、宇宙 | 轻巧坚固 |
| 钛 | 未来、太空、宇宙 | 轻巧坚固 |
| 镁 | 未来、太空、宇宙 | 轻巧坚固 |
| 玻璃 | 流动感、轻薄、脆弱、虚无感 | 透明性、透光性、可塑性、反射性 |
| 塑料 | 温和、轻巧、灵活 | 质地柔软、轻盈、可塑性 |
| 木材 | 生命的韵律、自然、原始的体验 | 易加工、弯曲、有利于健康 |
| 竹子 | 顽强、高风亮节、君子 | 可回收 |
| 陶瓷 | 洁净、清爽 | 可塑性强 |
| 纸 | 脆弱、不可靠 | 可回收、可再生 |

总的来说，物境与情境相结合的商品，源于人们自己的人本思想，是设计逐渐人性化的趋势，也是人们为了缓解生活压力所追求的产物。商品通过融入情感，提升自身的价值，满足人们的心理需求。功能和情感这两个因素相互依赖，相互作用，缺一不可。物境与情境相融合改变了过去人们与外在事物的关系，设计师开始关怀人，满足人们的心理需要，找到人与物之间的平衡点，满足人对商品的功能与情感的双重需求。既关注商品对人们的使用价值，也关注人们从商品中获得的精神价值，做到物境与情境的结合，是提升旅游文创产品价值的重要手段之一。

## 4.4　旅游文创产品功能与情感传递的方法

通过对消费者心理的研究，我们知道消费者现今喜爱的是功能与情感并存的商品。这也表明旅游文创产品的发展需要从原先的注重使用与纪念价值，转换到丰富旅游文创产品的功能与情感。带有功能与情感相结合特征的旅游文创产品是与消费者沟通的桥梁，使消费者产生精神上的共鸣，从而激发消费者购买旅游文创产品的兴趣。如何使旅游文创产品的功能与情感传递给消费者？笔者从以下几个方面简要说明。

### 4.4.1　通过包装、色彩来传递

消费者在外旅游购物的过程是一种较为复杂的心理活动过程，因此旅游文创产品在设计时要根据审美心理过程前期的注意、感知阶段，通过对消费者内心情感需求的深入了解，用独特的包装与色彩设计，获取消费者的注意，并最终使消费者内心产生情感共鸣。

包装与色彩设计属于视觉范畴，设计师在设计时首先要根据不同的游客的年龄结构、消费水平、文化水平等特征，设计具有独特性的视觉形象和色彩，如郑板桥酒包装（图 4-27）；其次，包装与色彩直接关系到产品的销售及消费者的主观购买意愿，因此，设计师需要将旅游文创产品本身的特点融入当地的环境之中，并提取相关要素应用于产品设计，如平阴玫瑰食品包装（图 4-28）。由此可知，设计师要将旅游文创产品本身的特点与当地的环境结合起来，依据品牌及品牌形象的附属色彩进行处理，例如一些产品的色彩设计就是参考了相关产品属性进行包装的色彩搭配组合。因此，旅游文创产品在包装、色彩上的独特性可以让消费者从视觉上感受到旅游文创产品的地域性和文化性。包装与色彩是消费者通过视觉能够真实地感受到的情感元素。具有鲜明个性、新

颖独特的包装、色彩设计使得消费者能够更加直观地感受旅游文创产品的情感传递，从而激发消费者的购买欲望。

图 4-27　郑板桥酒包装

图 4-28　平阴玫瑰食品包装

### 4.4.2　通过形态来传递

在消费者挑选旅游文创产品的过程中，最能引起消费者注意的往往是商品的表象。形态作为旅游文创产品的表象，是功能、材料、结构、工艺等因素综合而成的产物，是设计中最活跃的因子，最能体现商品的魅力。如果消费者在看到旅游文创产品时能够想到旅游文创产品的地域，并回想起那段美妙的旅程，那么这个形态的设计无疑是成功的，如好运荣成创意笔架（图 4-29）、江南印象案几设计（图 4-30）等。

图 4-29　好运荣成创意笔架

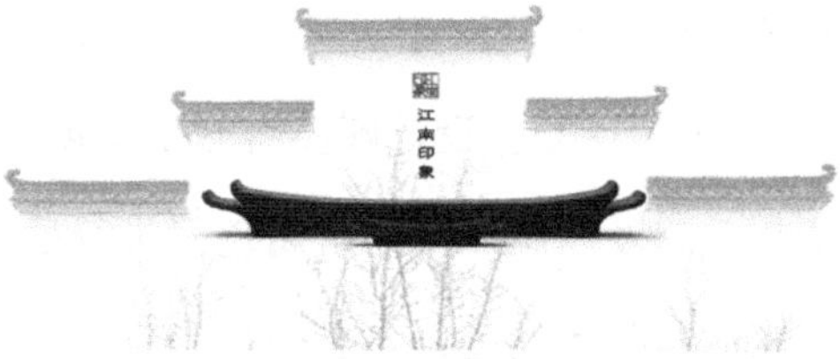


图 4-30　江南印象案几设计

形态是可以把握的，是可以感知的，设计师利用特有的形态语言向外界传达旅游文创产品的地域文化及特点，通过对立与统一、平衡与不平衡、节奏与韵律、比例与安定等形态造型的基本规律，更准确地把握形态传递的信息，将最直观的设计展现给消费者，进而和消费者进行有效沟通，得到消费者的认同。

### 4.4.3　通过功能语义与情感语义来传递

有些旅游文创产品可能从形态上来说并没有多突出，或者第一眼看上去给人的印象也不会太深刻，但通过了解旅游文创产品所要表达的语义，重新审视它的时候，消费者产生的印象甚至比单纯只是通过观察形态产生的印象更深刻。这种语义的表达可以分为功能语义和情感语义两种。

如杭州的旅游文创产品“断桥残雪”熏香插座（图 4-31）的设计就是很好的传递情感语义的作品，整体采用桥的形态，加上焚香后的香灰的呼应，表达出整个断桥残雪的意境，骨质瓷的材质使得整个作品显得晶莹剔透，深化了意境之美。

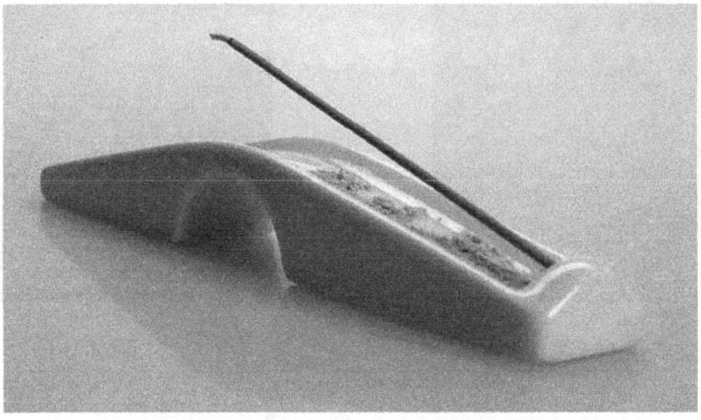

图 4-31　“断桥残雪”熏香插座

### 4.4.4 通过地域特色材质来传递

旅游文创产品是当地有特色的天然产物和独特的手工艺结合而产生的，这种带有很强烈的民族地域风格的产品也反映出当地的生活和习惯，区别于其他旅游文创产品，能更好地将情感传递给消费者，更加具有纪念价值。这种使用地方区域特色材质制作成的旅游文创产品，在设计过程中既能保持具有地域文化的独特性，又融合了当地特色材料，使得消费者感受到具有地域特质的旅游文创产品的独特价值。这种设计方式，可以表现出各地独特的风格，使旅游者眼前一亮，对消费者具有较强的吸引力，如丝绸伞（图 4-32）、贝雕（图 4-33）等。

图 4-32 丝绸伞

图 4-33 贝雕

### 4.4.5 通过趣味化来传递

随着社会的不断发展，生活质量的提高，人类对自身的关怀逐渐增强，设计也把注意力更多地转移到产品的情感性方面，更加注重产品本身的情感特征和使用者的情感、心理反应。正如一位美国当代设计家说过的话："要是产品阻滞了人类的活动，设计便会失败；要是产品使人感到更安全、更舒适、更有效、更快乐，设计便成功了。"现在"以人为本"的口号被认同，足可以看出对于产品情感上的考虑已经受到关注。

由此，旅游文创产品设计有了新的要求，即能够让商品吸引消费者的目光，在多种单一无味的商品中脱颖而出。趣味化的设计形式使得商品在同类商品中能够更快地吸引消费者的目光，激发消费者的使用兴趣，其本质是在其物质的世界中追求其精神上的信仰，个性的表达是人精神世界的特定表现。例如，潍坊十笏园打造了"郑老与小丁"的故事，发布了由十笏园文化街区倾心打造的系列主题文创产品，并与市民、游客分享包括"手绘地图""旅游攻略""十笏十景""回家过年""涂鸦年画"等文创项目，同时开发手绘帆布包（图 4-34）、手绘台历（图 4-35）、抱枕（图 4-36）、手绘杯垫（图 4-37）、纸扇、纪念印章、书签等具有观赏性、艺术性和实用性的文创小礼品，丰富城市文艺生活，引领文化消费风潮。

故宫推出了具有"个性话语"的折扇（图 4-38）和"朕知道了"的趣味性话语胶带（图 4-39）。这些商品的设计结合了历史文化，而又富有个性趣味。

图 4-34　手绘帆布包

图 4-35　手绘台历

图 4-36 抱枕

图 4-37 手绘杯垫

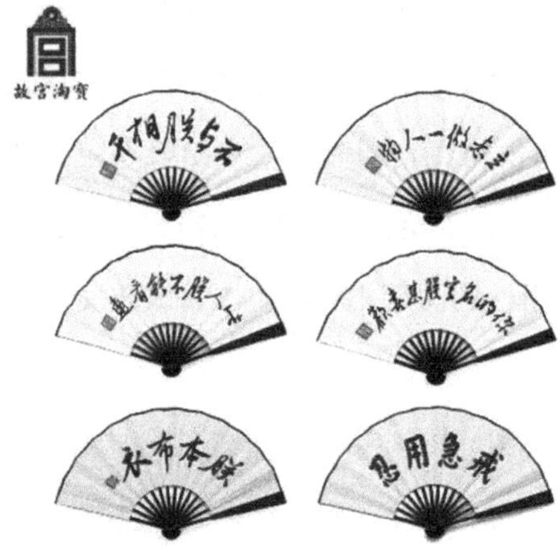

图 4-38 故宫“个性话语”折扇

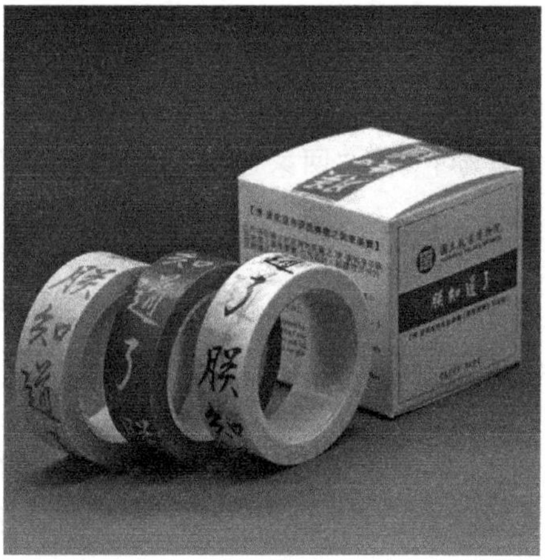

图 4-39 “朕知道了”胶带

趣味化连接着人们的情感。趣味化就是要关注人的精神世界，将对人感官上的刺激作为设计的手段，使商品不再追求理性、单一、模式化的生产，而将“人”的需要放在第一位。

马斯洛需求层次论说明了人的自我实现的需求是第一位的。旅游文创产品的发展也是遵循着消费者的生活变化需求，那些让生活更安全、更方便、更舒适、更有品质的商品更受到青睐。趣味化设计能够让消费者在使用中感受到旅游文创产品内在的情感，也能够让消费者实现梦想，给消费者的生活带来巨大的变化，甚至改变消费者的生活方式。旅游文创产品情感与功能相结合的传递方式，使得旅游文创产品更能够贴近消费者的生活和情感上的需求，是现今旅游文创产品发展的方向。

# 第5章

# 设计应以品牌经营为导向

## 5.1 旅游文创产品品牌价值与意义

“品牌”一词源于古挪威语的“brandr”，意为“灼烧”或“烙印”。品牌的发展总体可以分为以下四个阶段。

第一阶段：在这一阶段，品牌的作用是将自己的商品或服务与其他竞争者区分开来。最早的形式是通过在牛、羊等牲畜或皮毛等物件上烙印，来证明这些东西有特定的主人。

第二阶段：品牌经过了一定的发展，它不仅仅代表了商品或服务，更是一种身份、地位的象征。因此，在这一阶段，品牌主要的作用是满足顾客的一些特定需求。此时的品牌更容易满足消费者的心理诉求。

第三阶段：品牌通过进一步的发展，进入到了更加独立的品牌阶段。企业通过大量的广告去塑造消费者的意识形态。在此阶段，品牌的最大作用是融入消费者的生活中。

第四阶段：这一阶段就进入了当下的品牌发展阶段，加强了对于企业文化的重视。通过将企业文化融入塑造消费者的意识形态，使消费者能够更加具象化地了解品牌。在这一阶段，品牌不仅仅是一种标志，更是一种展示生活方式的态度。

对于品牌，不同的学者有不同的看法。菲利普·科特勒指出："品牌是一种名称、术语、标记、符号或图案，或是它们的组合，用以识别某个销售者或某群销售者的产品。"大卫·奥格威说："品牌是一种错综复杂的象征，它是品牌的属性、名称、包装、价格、历史、声誉、广告风格的无形组合。品牌同时也因消费者对其使用的印象及自身经验而有所界定。"

不同的学者虽然对于品牌的定义各有不同，但有着以下几方面的共识：

① 品牌是企业为了使自己的商品与其他类似的商品区分而进行的名称、符号等方面的设计。

② 品牌的作用是获得消费者的情感认同，并给消费者带来新的价值。因此，应重视对于消费者诉求的研究。

③ 品牌需要具有独特的个性，有着关于它的特有文化含义。

### 5.1.1　品牌的作用

（1）站在消费者角度分析

面对品牌商品，消费者用起来更加放心。消费者购买优秀的品牌商品并不仅仅是购买它的实用价值，更是购买一种身份的象征、一种理念或者是一种生活方式。

（2）站在企业角度分析

品牌可以使企业更加具有责任和优势。一方面，品牌企业需要更加注重自己的形象，在商品的生产中需要更加严格地监控，不断地设计创新等，才能保证消费者的认同。另一方面，品牌企业容易得到消费者的青睐，容易在众多竞争对手中脱颖而出，能更好地面对市场危机，具有广泛的渗透力和顽强的生命力。

(3) 站在商品角度分析

具有品牌的商品代表着信任和可靠。品牌商品的可靠性和信任度都保证了消费者的购买，给企业带来的利润更多。

品牌如人，品牌不仅为消费者带来的新的价值和利益，更应该像人一样具有独特个性，有着自己独特的文化内涵。品牌更可以作为一个企业、地区甚至是一个国家的代表。

### 5.1.2 旅游文创产品的品牌内涵

旅游文创产品的品牌是指旅游地域或企业向消费者展示出来的，能帮助识别自己品牌下的商品的一系列设计。通常来说，一个完整的旅游文创产品品牌应该由 MI、BI、VI 三部分组成。MI 是指旅游文创产品品牌的原动力和实施的基础，包括经营观念、企业文化、精神标语、方针策略等的企业文化主体，指导企业的发展方向。BI 是指旅游文创产品品牌的一种动态形式，强调一种行为过程，规划企业内部的管理以及企业所从事的的一切活动。VI 是指旅游文创品牌理念的具体化和视觉化展示，是通过组织化、系统化的视觉表达形式来传递品牌的信息。

### 5.1.3 旅游文创产品的品牌特征

(1) 地域依赖性

不同地域的旅游文创产品由于独特的地理位置、人文环境而产生独有的特点，我们一般称它们为“特产”。特产包括的范围很广，既有当地的农、林产品，也有当地的矿物、工艺品等，这些都是该区域的主打产品或特有商品，都或多或少蕴含着当地的风土人情与特色文化。

特产对于当地的自然条件有着较强的依赖性，因此，旅游文创产品的生产与特定的地点、人文历史、经济政策等都有关，这些因素导致了其与类似商品有明显的差异。

（2）文化属性

每一个旅游地都有属于它特有的自然环境、人文历史。而在不同地区生产的旅游文创产品，因为文化含义不同，也产生了不同的情怀。在当前的市场情境下，商家生产的商品在质量和功能等形式上，其实都差别不大。可以说消费者购买的不是某种旅游文创产品本身，而是某种情怀。当前对旅游文创产品的设计更注重对其文化含义的挖掘。设计师将本土的文化资源进行整合，运用到旅游文创产品的设计中，引起消费者的共鸣。

### 5.1.4　旅游文创产品的品牌定位

旅游文创产品的定位是指针对选定的消费群体打造的一个个性鲜明、目标明确的形象。其定位主要包括品牌核心价值、品牌个性、形象定位和视觉符号。

（1）确定品牌核心价值

旅游文创产品品牌的核心价值指的是当地旅游文创产品品牌的某种特性，与当地的地理、文化、风俗等因素有关，具有自己独特的韵味，并能抓住消费者的感触。品牌的核心价值要易于传播且持久。

（2）塑造品牌个性

旅游文创产品品牌的塑造就是为了建设一个独具当地特色的代表，不仅仅是为了和其他商品区分开来，更是为了抓住消费者的心理，引起共鸣。

（3）旅游文创产品品牌的形象定位

旅游文创产品品牌的形象建设表达了创造者对其未来的憧憬以及对消费者

的美好祝福。旅游文创产品品牌形象定位应该根植于当地特有的文化内涵，并结合时代的发展给消费者留下一个美好的印象。

(4) 视觉符号

视觉符号主要指的是品牌识别系统，它是为了使消费者能更好地进行选择，并对自身的旅游文创产品进行有效传播的手段。

### 5.1.5 旅游文创产品定位于品牌的优势

随着时代的发展，旅游文创产品在质量、功能等形式上没太大差别，品牌的建设成了旅游文创产品企业的竞争亮点。

① 旅游文创产品品牌的创建，是整合当地文化资源，对旅游文创产品进行的整体设计创作，使旅游文创产品具有特殊的含义，提升其附加价值。

② 旅游文创产品品牌的创建，对旅游文创产品来说是一种有效的宣传手段。

③ 旅游文创产品品牌的创建，也是对于企业的一种保护形式，使其具有更广泛的渗透力及更顽强的生命力。

④ 旅游文创产品品牌的创建，更是对旅游文创产品质量的一种无形保证，能更好地保证消费者利益。

## 5.2 品牌力的打造

经济带动了旅游业的快速发展，旅游品牌的建设成了重点任务。目前来讲，我国的旅游文创产品品牌建设已经有了一定的发展。我国不断加大对于旅游文创产品品牌的投资和管理力度，不但对旅游文创产品进行了更合理的定位，更对本土资源不断整合集中，促进了旅游文创产品品牌的崛起和提升。

但旅游文创产品品牌建设在快速发展的同时，也出现了一些问题。其中比较严重的一点是，目前市场上的旅游文创产品同质化严重。在旅游文创产品的品牌建设上，没能进行清晰的定位，不能很好地结合自身的特点进行旅游文创产品的开发设计。其次就是旅游文创产品品牌的管理意识有待加强。在品牌建设时更加注重旅游文创产品带来的利益，忽视了将品牌管理与品牌文化建设相结合，从而导致品牌核心价值力的下降。

## 5.2.1　优秀特色旅游文创产品品牌案例分析

### 5.2.1.1　故宫博物院旅游文创产品品牌打造

故宫博物院传承了我国几千年的历史底蕴，它可以使我们更好地了解中国古代艺术和历史文化。说起故宫博物院，人们莫名地就会产生一种庄重的、严肃的感觉。故宫博物院顺应时代的要求，更是为了自身的更好发展，进行了一系列关于故宫博物院的文创商品的设计。故宫博物院的文创产品的市场定位不仅仅是历史文化爱好者，也包含了年轻人。故宫博物院为了更好地与年轻人互动，更是为了引起青年一代对于古典艺术、历史文化等的兴趣，进一步加强对于传统文化的传承等，进行了一系列的旅游文创产品的创新设计。这样的进程，更是一种对于故宫博物院这一旅游文创产品品牌的再设计、再提升，使其更具活力。

一方面，对于故宫博物院来说，通过对旅游文创产品的重新定位，关注年轻一代的消费需求，将故宫博物院的文化底蕴与现代的时尚元素、科学技术等相结合，使其旅游文创产品的开发与设计成为故宫博物院产业的主要收入来源之一。另一方面，故宫博物院的旅游文创产品开发不仅是对传统文化的保护，更是让故宫博物院以一种全新的形象展现在消费者面前。消费者眼前一亮，不仅产生了了解故宫博物院的渴望，更是愿意购买如此清新脱俗的故宫博物院旅游文创产品。以下是故宫博物院形成自己特有的旅游文创产品品牌的原因。

（1）将历史元素与现代元素相融合

故宫博物院的旅游文创产品设计不仅具有浓浓的历史文化风，更是与现代流行的元素相结合，不会给消费者带来强烈的陌生感。因此故宫博物院的旅游文创产品设计需要许多年轻设计者的加入，他们无限发挥他们的脑力，将他们眼中的时尚融入旅游文创产品的设计开发当中去。

（2）增加趣味性

故宫博物院的旅游文创产品由于进行了重新定位，考虑到现在年轻一代的消费要求，在设计中增加了更多的趣味性。故宫博物院生产了一系列有趣味的旅游文创产品，比如说尚方宝剑式的雨伞、朝珠样式的耳机、写有“朕就是这样的汉子”的折扇等，引起了一大股购买风。

（3）多样化发展

故宫博物院的旅游文创产品针对不同的消费者需要，进行了多样化的设计。这些旅游文创产品一般来讲可以分为两种类型。对于一般的消费者，故宫博物院提供了印有龙纹的手机壳、印有皇帝语句的冰箱贴、朝珠样式的耳机等旅游文创产品，满足其猎奇心理；而对于有更高层次需求的消费者来讲，故宫博物院提供的旅游文创产品有精美的瓷器、精致的刺绣等。

（4）与现代科技相结合

故宫博物院的旅游文创产品（图 5-1）不仅仅是实体的商品，也包含了多种多样的虚拟数字产品。例如关于宫廷贵人的各种搞笑的表情包、基于历史故事等开发的 APP 等。

#### 5.2.1.2　红船精神品牌化

目前，关于红船精神品牌化的建设已经取得了一个很大的进步。红船节、红船论坛、红船精神研究中心、红船网、红船行、红帆、红船先锋等形式都是对于红船精神的品牌化建设中的一部分。浙江省嘉兴市更是提出了敢为人先创

图 5-1　故宫旅游文创产品

新型、百折不挠担当型、忠诚为民服务型的干部建设。这些不仅仅是对红船精神品牌化的建设实践，更是对党政建设的大力弘扬。

众所周知，一个优秀的品牌能产生很大的价值，品牌的发展依托于品牌文化的建设。红船精神是一种优秀的思想文化，它代表了我国优秀的革命精神，对于它的品牌化建设具有很大的意义。

红船精神品牌化的建设所涉及的要素很多，需要站在一个全新的高度进行总体的布局设计。在关于红船精神的旅游文创产品品牌建设方面，值得重点学习的地方如下：

（1）重视品牌规划

在红船精神旅游文创产品品牌的建设中，首先要明白建设的核心内容是为了更好地对红船精神进行弘扬。要基于这个核心内容对红船精神旅游文创产品品牌进行规划，来确定要建设的旅游文创产品品牌的方向、计划、目标等内容。只有对红船精神旅游文创产品品牌进行整体的规划设计，做好布局，才能更好地发扬红船精神。

（2）重视品牌理念

红船精神旅游文创产品品牌的理念代表了对于党和人民的美好祝福，是红船精神旅游文创产品品牌形象塑造的关键。要重视对于品牌理念的建设，通过红船精神文化对品牌理念进行塑造，使红船精神旅游品牌商品更具有内涵价值。

（3）重视品牌设计

红船精神旅游文创产品品牌的设计，关系着红船精神能否更高效地传播与发展，应给予高度的重视。不仅要结合红船精神的相关元素，更应考虑到红船精神旅游文创产品品牌的理念，进行一系列的相关设计。加强其视觉形象的创造，有利于宣扬红船精神。

### 5.2.2 山东特色旅游文创产品品牌建设现状

#### 5.2.2.1 台儿庄古城现状与分析

台儿庄古城基于运河文化，对双龙湖湿地、运河湿地、祥和庄园等著名旅游景区进行整合，不断进行全区域、全产业链的发展，更以品牌的建设为核心，不仅给枣庄的旅游企业起了带头作用，更是成了山东省的旅游发展新动力。

台儿庄紧紧围绕着台儿庄古城、运河风光带、57 公里环城生态走廊、祥和庄园、双龙湖、涛沟河等进行全区域的旅游设计规划。现在台儿庄的这种旅游模式已经成了全国的区域旅游模式代表。

台儿庄古城旅游业尽管发展的势头很好，但不可避免地也存在一些隐患。

（1）缺乏文化旅游资源

旅游文创产品的品牌建设是基于文化发展开来的，文化旅游资源的缺乏，在一定程度上会阻碍旅游文创产品品牌的发展。台儿庄虽然大力发掘台儿庄的相关文化，但是相对来讲，文化资源还是比较匮乏，并且影响力度不够，较难打造出较强的品牌力量。

（2）缺乏指导思想

在旅游文创产品的品牌建设过程中，必须明确指导思想是什么，目的是要打造一个怎样的旅游文创产品品牌。而在当前台儿庄的旅游文创产品品牌建设中，指导思想还不够明确，从而导致当地售出的商品比较杂乱，没有明确的品牌特征。

（3）缺少大型企业

旅游文创产品品牌的建设需要企业的支持。由一个影响力大的企业生产的旅游文创产品，能使消费者更加信服，更愿意去买。旅游文创产品品牌的建设有大企业的支撑，能够给品牌带来更大的附加价值。

#### 5.2.2.2 济南泉水景区旅游文创产品品牌营销现状

众所周知，济南的泉水十分闻名，趵突泉更是其中的代表，被叫作“天下第一泉”。2013 年，济南市天下第一泉风景区被评为国家 5A 级景区，其中包括护城河、大明湖、趵突泉、黑虎泉、五龙潭与相关公园。这个景区的建设融入了文化底蕴与自然山水，体现了济南泉水独特的风格。但是与其丰富的旅游资源不对应的是，济南泉水景区的旅游文创产品品牌建设出现了一些问题，一定程度地影响了其旅游业的发展。具体问题如下：

（1）商品缺乏特色

济南泉水景区销售的旅游文创产品种类较少，并且与其他景区售出的旅游文创产品类似。没有结合济南泉水的地方特色与其文化内涵进行设计，不能很好地吸引消费者，使消费者感觉此地的旅游文创产品没有纪念价值，因此消费者不愿意去购买。

（2）商品种类少

济南泉水景区总体来讲面积较大，但售卖的商品除了特色不够鲜明外，可选择性也较少。济南泉水景区对于新型旅游文创产品开发的重视程度不够高，商品没有多少新意，容易让消费者产生一种没什么好买的感觉。

(3) 商品定位不准

济南泉水景区的商家竞争意识薄弱，对市场上的商品定位不准确，不能很好地考虑顾客的需求。

## 5.2.3 山东特色旅游文创产品品牌的提升路径

### 5.2.3.1 如何去塑造一个旅游文创产品品牌

当下，大家都在谈论品牌，看起来好像理解了品牌是什么，然而我们却很难给出一个很好的关于品牌的注释。

当提起品牌的建设究竟是怎么一回事时，相信很多人会想到这样一些词，其中有“调研”“定位”“logo”“VI”“包装”“宣传”等。这些说法都太笼统，让人不能明白品牌的建设到底是什么。品牌的建设，笔者认为可以用一句话概括，那就是“创建品牌就是给客户建立一个印象的过程”。从这句话我们就可以明白品牌建设不是一下子就可以完成的事，它是一个不断发展的过程，需要时间的沉淀。

下面以沂蒙精神的旅游文创产品品牌建设过程为例，来看一下如何去塑造一个旅游文创产品品牌。

首先，我们要有一个品牌构建的基本理论模型，在此选用的是凯文·莱恩·凯勒曾提出的一种理论模型，即如图 5-2 所示的品牌构建模型。

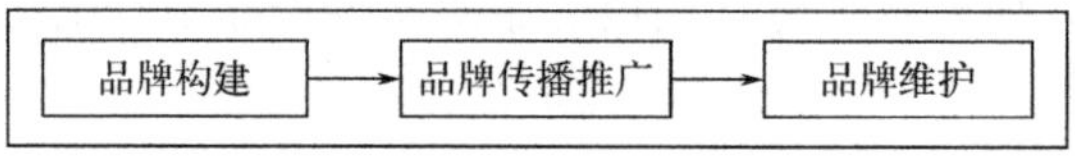


图 5-2 品牌构建模型

#### 5.2.3.1.1 第一步：关于沂蒙精神的旅游文创产品品牌的初步构建

在此，我们需要明确的一点是，消费者眼中的品牌其实等于体现消费者欲望的、企业可满足的卖点，也可以说是品牌名称、品牌标志、品牌宣言与品牌宣传的组合。

(1) 体现消费者欲望的、企业可满足的卖点

首先，我们要明确沂蒙精神旅游文创产品的特点、卖点。沂蒙精神旅游文创产品应该具有红色老区的特性。它的特点应该有很多种，比如说朴实无华的外形、浓厚民族风味的色彩、坚固耐磨的材质等。沂蒙精神旅游文创产品的卖点是指公司认为众多特点中能将旅游文创产品卖出去的几种。目前来讲，对于沂蒙精神的旅游文创产品品牌建设，已具有了特定的商品链。现在还需要做的是对多种多样的商品进行整合，明确它们的特点、卖点。

其次，我们要结合沂蒙精神旅游文创产品的卖点来进行品牌定位。关于沂蒙精神旅游文创产品的品牌定位，我们要明确消费者的欲望，调查消费者认为的沂蒙精神旅游文创产品品牌是什么样的。此外还需要对企业与竞争对手进行详细的分析对比，要明确企业的优势在哪以及竞争对手的动向。对于现有的旅游文创产品品牌建设而言，更大的问题是商品雷同，不能很好地体现品牌特性。对于沂蒙精神旅游文创产品的品牌定位，应结合其卖点，根植沂蒙精神，对“爱党爱军、开拓奋进、艰苦创业、无私奉献”的沂蒙精神进行提炼，体现出浓浓的沂蒙味。

(2) 品牌名称、品牌标志、品牌宣言、品牌宣传

在这一步中，我们要明白消费者眼中的品牌是通过其在脑海中形成的画面进行判断的。品牌如果在消费者脑海中形成积极的感知、清晰的意义、深刻的印象的话，消费者会把自己融入品牌当中。如果品牌是显著的，消费者将对品牌进行识别。也可以说，消费者眼中的品牌其实是品牌名称、品牌标志、品牌宣言与品牌宣传的组合。要想塑造品牌，就要用品牌定位指导品牌四要素在消费者脑海中形成画面。

对于沂蒙精神的旅游文创产品品牌建设，我们应首先给它取个名字。品牌

如人，取名的好坏对于品牌的建设有很大的作用，一个响亮、易懂的名字可以使沂蒙精神旅游文创产品品牌得到更好的传播。标志是眼睛，对于沂蒙精神旅游文创产品品牌标志的设计，不仅能让消费者更好地识别这个品牌，更能让消费者通过这个小小的标志理解沂蒙精神旅游文创产品品牌的内涵，以及其对消费者的美好祝福。品牌宣言是沂蒙精神旅游文创产品品牌的品牌理念以及未来渴望，表达了它对自己商品的肯定以及对于未来的畅想。“酒香也怕巷子深”，宣传是进行品牌传播必不可少的手段。科技在发展，时代在不断地进步，我们每天面临着无数信息的轰炸。如何让消费者在如此多的信息中注意到你，是品牌宣传值得深思的事。

在这里我们主要研究一下关于沂蒙精神的旅游文创产品品牌的 PI（Products Identity）设计。首先，我们要明白什么是产品形象识别设计。产品形象是向消费者展示其内在品质与企业信息的最佳契机和最佳窗口。而产品形象识别设计是向消费者更好地展示品牌的窗口。产品形象识别（Products Identity）设计作用于商品、人和市场，通过“家族化商品”塑造企业形象，让公众在与商品的接触和使用中，逐步接受企业传达的品牌信息，认可品牌形象，为企业带来更大的市场收益。PI 设计讲求的是理念内涵和视觉外显的统一。在关于沂蒙精神的旅游文创产品品牌的 PI 设计中，我们应该站在整体的角度，以沂蒙旅游的商品设计为核心展开系统形象设计。首先，我们要明确沂蒙精神旅游文创产品品牌的理念内涵是什么，基于品牌内涵对其视觉外显层进行统一的设计，创造出一种统一的形象，以达到提升和传播品牌的作用。

沂蒙精神旅游文创产品品牌的理念内涵：沂蒙精神旅游文创产品品牌建设最大的优势是有沂蒙精神作为基本支柱。沂蒙精神是中华民族精神在沂蒙老区的一种具体承载，“是沂蒙人民在长期革命、建设和改革的实践中逐步形成的一种先进群体意识”。其基本内涵是爱党爱军、开拓奋进、艰苦创业、无私奉献。商品应力求表现出一种关于沂蒙精神的感性形象。

对沂蒙精神旅游文创产品品牌理念内涵进行提炼：“爱党爱军”是沂蒙精

神最主要的成分，表达了沂蒙人坚定、明确、执着的政治信仰。由此可以对其提炼进行设计。能够体现出对党的拥戴的设计方案都可以备用。然后对方案进行筛选，选择出最具代表性的、消费者最能接受的方案作为沂蒙精神旅游文创产品品牌的标志设计。

视觉外显层的统一：基于沂蒙精神旅游文创产品品牌的理念内涵与标志设计，对沂蒙精神旅游文创产品品牌的视觉外显层进行整体设计。在商品的设计中，我们形成统一的设计风格，在线、面、体的处理上能使消费者感觉得到家族感。比如说，在沂蒙精神旅游文创产品的设计中，我们可以运用 V 形的线条与拥党的品牌理念相呼应。在沂蒙精神旅游文创产品品牌的 Logo 识别系统中，应该在对选用标志的符号、图案、色彩及字体进行统一性及标准化处理的基础上，考虑到标志放置的位置、大小、颜色、比例等方面的统一规范。除此之外的其他视觉外显，我们也应做到统一的规范设计。

#### 5.2.3.1.2　第二步：关于沂蒙精神的旅游文创产品品牌的传播与推广

沂蒙精神旅游文创产品品牌的传播与推广，应以目标市场作为引导。科技在不停地进步，宣传的方式也越来越多样。针对选定的目标市场，可以结合消费者不同的认知层面进行不同方式的宣传。其中重要的传播方式如下：

① 广告媒体。广告是比较大众化的一种宣传手段，受众广，传播速度快。

② 旅游宣传册。旅游宣传册对旅游文创产品来说是一种比较好的传播方法。其实严格来说，旅游宣传册也属于旅游文创产品中的一种，因此对于旅游宣传册的设计也应当重视。旅游宣传册是通过纸质的形式表达产品的理念、传播产品的品牌，比其他手段更具保存性。

③ 出版物。

④ 网络，如网站、微博等。

5.2.3.1.3　第三步：沂蒙精神旅游文创产品品牌的维护

（1）沂蒙精神旅游文创产品品牌的动态管理

消费者对沂蒙精神旅游文创产品的认知、态度和行动存在动态的变化。根据市场的变化，应及时采用不同的品牌管理策略。

（2）沂蒙精神旅游文创产品品牌的危机管理

主要目标是构建健全的沂蒙精神旅游文创产品品牌监控体系，能在突发状况下，及时对品牌进行维护。主要有以下几个方面。

① 沂蒙精神旅游文创产品的品牌跟踪：应及时掌握消费者对沂蒙精神旅游文创产品品牌的忠诚度、美誉度等，进行分析，合理应对。

② 沂蒙精神旅游文创产品的品牌档案：是将上一方面中对沂蒙精神旅游文创产品的品牌跟踪的相关信息进行存档。

③ 沂蒙精神旅游文创产品的品牌预警：应时刻注意市场的变化，由此分析沂蒙精神旅游文创产品品牌的生存发展状态。

（3）沂蒙精神旅游文创产品的品牌扩张

在沂蒙精神旅游文创产品品牌发展比较完善的情况下，可以考虑进行合理的品牌扩张。还需要注意的是，在品牌扩张过程中，品牌的核心价值不能改变。

（4）沂蒙精神旅游文创产品的品牌维护

提高顾客的满意度就是对沂蒙精神旅游文创产品的品牌维护。首先，应保证商品质量的优良性、服务的高水平性。其次，应提高品牌的宣传力度，可以适当地邀请公众参与进来。

#### 5.2.3.2　在原有品牌的基础上如何去提升品牌价值

旅游文创产品品牌的构建除了要注重个性形象塑造外，更应该考虑到旅游文创产品品牌的内涵、质量和特色。旅游文创产品品牌的提升方法如下：

(1) 注重品牌质量和特色

旅游文创产品的质量是品牌建设的根本。旅游文创产品只有质量过关，才能取得消费者的信任，才能进一步使消费者对旅游文创产品的品牌理念表示认同。另外，消费者购买旅游文创产品更多的是出于一种对于此旅游地的纪念的考虑。因此，旅游文创产品应该表现出这一旅游地的特色内涵，应当结合本土的地理环境特点、文化底蕴等进行整合设计，这样才能塑造一个有自身特色的旅游文创产品品牌形象。

(2) 注重品牌商品差异化

在当前的技术条件下，商家生产的旅游文创产品之间的差别已经不大，与此对应的是消费者日益增加的追求个性化的需求。因此，企业在追求品牌旅游文创产品差异化上应更加费心，不仅仅要在材料、工艺、包装等方面尽量追求不同，更应该结合地域特色，形成风格上的差异。

(3) 注重品牌的文化内涵

时代的发展，使旅游文创产品之间的竞争已经由原来的价格竞争发展到质量上的竞争，再到现在的文化内涵上的竞争。如何在无数的类似产品中脱颖而出？关键在于抓住消费者的情感。只有引起消费者的共识的旅游文创产品，才能算是一件好的品牌旅游文创产品。这也是为什么古往今来人们要追求商品的好寓意。

(4) 注重旅游文创产品品牌的持续发展

旅游文创产品也是有生命周期的，就算是品牌的商品也不能保证经久不衰。在旅游文创产品的品牌创建后，应该继续保持对于市场变化的洞察力，积极调整结构，应对市场需求，进行旅游文创产品的设计更新。当然，为了保证旅游文创产品品牌的持续发展，不仅要对商品的设计进行更新，还需要保护当地的旅游资源。旅游文创产品品牌的发展是基于拥有的旅游资源。因此，不仅相关政府部门要对旅游资源进行宏观管理，企业也应该在旅游文创产品的设计中加入生态设计的概念。

(5) 注重对旅游文创产品品牌的宣传

对于一个目前并不知名的旅游文创产品品牌的发展来讲，进行有效的宣传是其提升品牌知名度的有效手段。宣传能让更多的消费者了解这个旅游文创产品品牌，进而在头脑中产生印象，有利于建立良好的品牌形象。目前，宣传手段多种多样，企业应该结合自身的发展状况，选取对自己最有利的宣传手段。

第6章

# 设计应以文化为导向

## 6.1 从文化角度看旅游文创产品的设计

### 6.1.1 中国传统文化对中国地域文创产品开发的影响

由于独特的自然风光和深厚的人文资源以及地理条件的不同，每个地域在其发展过程中，都会逐渐形成自己独特的地域文化。这种独特的地域文化是人们创造的“物质和精神财富的总和”，也有研究者把它称为“灵魂和核心”。在旅游活动中，这种“灵魂和核心”正是旅游者最感兴趣的，于是在旅行行为方面的文化性就体现在他们对文化的诉求上。

人们常说“文化是土壤，创意是种子，产业是果实”。上文说到某些地域历史文化源远流长且包容甚广，为地域文创产品的设计和开发提供了很多可以利用和发掘的文化素材。因此，地域旅游文创产品的开发和设计发展必须深深扎根于当地本土文化，以现代高科技、互联网、智能化为技术支撑，从而实现传统文化向现代化转型的新旧动能转化。从现实情况我们可以看到，真正具有地域文化特色的作品才能受到消费者的喜爱，让消费者得到情感满足，并提升消费者对当地文化的认知。

本书第 5 章的内容让我们认识到，从品牌传播的角度来说，拥有品牌意义的地域文化商品更具有传播性。所以我们需要高端的个性化旅游文创产品，需要打造精品旅游文创产品品牌，完善旅游精品品牌形象，进一步扩大旅游文创产品品牌的传播效果。而文化就是一件利器，没有文化内涵，商品就只剩下本身的物理价值。如果将旅游文创产品的文化价值加以发掘和运用，设计出来的产品就能提升附加值。同时通过品牌形象大投入、全方位的建设，加入品牌故事，以此来提高消费者在心灵和精神上对于产品的认知和满足感，能够使地域文化特色更加深入人心。

例如，江小白在文案和品牌文化上下功夫，使得简单的白酒有了故事。这样的设计自然也虏获了不少消费者的消费情结。旅游文创产品亦是如此，如果在简单的产品的基础上加入文化内涵，那消费者就能感受到商品背后的文化，从而认可商品。

旅游地区最大的竞争力来自旅游资源的独特性与差异性，这种独特性与差异性很大一部分取决于人文旅游资源。人们选择旅游地的基本原因就是不同地域之间的差异，以及这种差异所造就的独有的特色。因此，要想真正地吸引游客，就要不断突出这种地域特色。

中国幅员辽阔，地域文化丰富多彩，各具特色，这些都是宝贵的旅游开发资源。深度挖掘中国传统文化的精髓，不断推陈出新，能更好地适应时代的潮流，使地域的旅游资源能够得到更好的利用。在旅游文创产品方面，通过对中国传统文化的深度挖掘，着重体现各地区文化的差异性，根据当下旅游文创产品的开发规律，就能够开发出更具有市场潜力、更能博得消费者喜爱的旅游文创产品。反过来，旅游文创产品的开发成功，不仅会给旅游地带来巨大的经济效益，同时还会起到很好的纪念与宣传的作用，提升当地整体的旅游形象。

#### 6.1.1.1 有利于改变中国地域文创产品开发的现状

随着经济的不断发展与各级领导的不断重视，近些年来中国地域文创产品的开发已经取得了很大的进步。但是，从全局来看，相比于旅游业的发展，旅游文创产品的开发进度显然有些力不从心，旅游文创产品的市场潜力巨大却没有得到很好的利用，许多问题亟待解决。各地旅游文创产品普遍存在结构形式单一、产品特色差、大同小异、附加值低等问题，甚至在一些世界级的著名旅游景区的旅游文创产品也同样存在特色不突出等问题。各地售卖同质化旅游文创产品的情况比比皆是，这样的旅游文创产品根本无法满足旅游消费者的购物需求，更谈不上情感互动，以至于影响到整个旅游体验。

这些情况充分说明，中国地域文创产品在设计开发上对中国传统文化的挖掘还远远不够，无法体现各地域的文化特点。因此对中国传统文化进行深层次挖掘，将独特的文化特质真正融入旅游文创产品的开发中去，迫在眉睫，也只有这样，才能使旅游文创产品焕发出它原本的活力，增加旅游文创产品的附加值，进而提高旅游文创产品的经济效益，改变中国地域文创产品开发的现状。

#### 6.1.1.2　有利于搭载中国地域文创产品的品牌价值

中国各地旅游文创产品的种类繁多，但是各地的分散经营，加上品牌意识的淡薄，间接影响了中国地域文创产品的开发与发展。旅游文创产品的核心特征就是文化内涵，在这一方面，内涵丰富的中国传统文化就是最大的旅游资源。中国地域文创产品可以打造属于自己的文化品牌，把中国传统文化作为一个旅游品牌，能够更好地利用品牌效应进行开发与宣传。因此，中国地域文创产品要走品牌之路，必须依托于当地特色资源优势。中国传统文化内容丰富，特色鲜明。将中国传统文化融入中国地域文创产品中，不仅可以提高中国地域文创产品的文化特质，开发出特色产品，还可以创造、培养出名牌效应，从而有利于中国地域文创产品的品牌建设。

#### 6.1.1.3　有利于提高中国地域文创产品的竞争力

文化是旅游文创产品的深层次内涵，这些文化内涵可以通过旅游文创产品进行表现，甚至可以使得旅游文创产品成为文化的一种象征。无论是国内还是国外，很多地区都是通过旅游文创产品来推广各地的文化，也有很多人是通过旅游文创产品来了解一个地区的文化，故宫博物院的旅游文创产品就是一个很好的例子。中国传统文化不缺少地域的差异化与特色化，只有将这些差异化与特色化融入旅游文创产品的设计开发上，才能创造出富有文化特色的旅游文创产品，实现旅游文创产品的经济目标。同时，中国传统文化的开发本身是建立在对中国传统文化的传承与发展之上的，这不仅对旅游文创产品的开发有着重要的作用，更是对中国传统文化的继承与保护，实现了利益的最大化。

### 6.1.2 山东地域文化特点

以山东为例，历史文化悠久，地大物博，是先秦时期齐、鲁两国的旧地，号称“齐鲁之邦”，自古以来便拥有“一山、一水、一圣人”的美誉。泰山在这里崛起，黄河从这里入海，孔子在这里诞生。丰富深厚的历史文化积淀，奠定了山东在中华文明发展史上的特殊地位。山东的自然景观和人文景观中常常透露出深厚的文化底蕴，在山东的大文化的覆盖下，又包含了很多小的地域文化，它们各有特色，自成体系。所有的这些地域文化都是设计开发旅游文创产品的灵感源泉。

山东文化既有多源性，又有多样性。目前发现的最早的山东人是距今约四五十万年的“沂源猿人”，可被视为山东省文化的开端。进入新石器时代后，逐渐在淄博市临淄区形成了“后李文化”，在滕州市官桥镇形成“北辛文化”，在泰安市大汶口形成了“大汶口文化”，在济南市章丘区龙山镇城子崖形成了“龙山文化”，在青岛市平度市大泽山镇形成了“岳石文化”，这些文化在不断的发展中形成了延续体系。这些文化由于基本上是由东夷人创造的，所以被称为东夷文化。东夷文化以中部的泰山、沂山区域为核心区域形成文化群，后来发展为齐文化、鲁文化，再到后来中国传统文化融合，最后儒家文化占据了山东文化的主要地位，山东文化多样化的格局基本形成。

山东地域文化的多源性包容多种文化，这使得地域文化展现出多样化的特性。儒家文化为主流文化，其他优秀地域文化也展现出极大的影响力，多样化的文化与儒家文化在齐鲁大地上同发展，相互促进，渐渐成为中国传统主流文化的一个重要分支。这里多样的文化包括泰、沂山区文化，海洋文化，河运文化及各地的非物质文化等。

## 6.2　特色旅游文创产品创新方法

### 6.2.1　利用区域性文化符号

#### 6.2.1.1　文化符号在旅游文创产品中应用的必要性

文化符号是对一个地域文化内涵的凝聚和精炼，将地域文化符号应用在旅游文创产品中易产生一种以小见大的效果，令消费者切身感受地域的传统文化。事实上，旅游文创产品的文化性一般大于功能性，因为旅游文创产品往往是一个地域特有的商品，所以它的最重要的作用是满足旅游者对当地地域文化的体验需求，当地地域文化包括当地独特的文化、生活方式、风俗习惯等。

把具有地域性的文化符号运用到旅游文创产品的设计中的设计手法可以传达出明确的地域信息，消费者可以通过商品设计与文化的关联性，通过联想和想象再次回味旅行过程中的体验，获得一种表现个性、认同、品位的自我满足感。然而现在市面上已有的旅游文创产品的同质化现象十分严重，要解决目前的问题，必须在旅游文创产品设计中加入旅游地文化符号。如果将地域文化符号运用于商品设计，并将其作为地域文化内涵展现的一种表现形式，那旅游文创产品就具备了传达地域文化特色的重要作用，并且能凸显出地域的独特个性和特点。在全球化时代，在不同文化的相互融合和交流的过程中，文化符号在商品设计中的应用，对实现地域文化的传承与创新也具有重要的价值。

人们对产品的认知通常可以被理解为是一种信息加工的过程，消费者对旅游文创产品的认知和平时的生活经验相结合，往往能有效地激发出对于地域文化的识别和认知，可以帮助消费者加强对旅游地的认知和回味。以山东地域文化为例，其最大特点在于具有追求统一、仁民、开放、和而不同、爱物、自强不息、兼容等精神品格，注重“人”与“仁”。与我国现在提倡的以人为本、和谐统一、可持续的社会精神相吻合。因此，研究现代文化是传承传统文化的重要体现。将地域文化提炼并运用到旅游文创产品设计当中，既能以提升地域特有品质的方式，为当地的经济、社会建设提供人力资源；又能使地域文化形成广泛影响力，从而提升中国地域文化的品牌价值和旅游地的信誉资本。两者的结合能够为地域文化产业、经济建设、社会发展提供优越的投资发展环境和丰富的市场资源。

#### 6.2.1.2 文化符号的应用设计思路和创新应用手法

##### 6.2.1.2.1 应用设计思路

运用文化符号对旅游文创产品进行设计的主要环节是寻找、建立具有代表性的视觉原型和精神原型。设计师要将各种原型元素进行加工与整合，构建出拥有属于每座旅游城市自己独特文化的旅游文创产品。我们把中国台湾学者林荣泰曾提出的文化空间的三个层次（外在层次、中间层次以及内在层次），与著名心理学家唐纳德·诺曼提出的大脑活动分为本能层、行为层和反思层的思想相结合，把地域文化旅游文创产品设计也分成本能、行为和反思三个层次来分析。对于设计师来说，三个层次对应不同的设计属性，每一个层次都有不同的实现途径。对这三个层次进行分析，可以使设计方法和思路更加明确。

本能层包括色彩、造型、纹饰等，行为层包括功能、使用方式、结合关系与仪式习俗等，反思层包括文化内涵、文化象征和故事传说等。

（1）本能层设计思路

在本能层设计当中，色彩和材质的运用十分重要。首先，设计师应该有意识地运用富有地域色彩倾向的语义来进行设计，往往可以在当地优美的自然景观或者地标性建筑中提取，在视觉上入手，直接有效地传达出富有地域文化和内涵的个性特征；其次，设计师应该充分利用具有当地自然特色及具有民间、民族特色的天然材质，将传统手工艺、材质和现代的工艺、材质相结合，进行有延续性的创新设计，如叶脉书签（图 6-1）、木版画（图 6-2）、泉标纪念币（图 6-3）等。

图 6-1　叶脉书签

图 6-2　木版画

图 6-3　泉标纪念币

（2）行为层设计思路

地域文化符号可以从地域文化当中的风土民俗、民族艺术、人文历史中提取。风土民俗也可称为生活习惯，地域差异使得风土民俗文化各不相同。对于旅游文创产品的设计而言，可以通过将这些民俗、古迹等传统文化抽象化变为可视化的符号来进行设计构思，创作出能够回归自然、富有民族文化内涵的旅游文创产品。风筝是杨家埠地区的很有特点的手工工艺，如图 6-4 所示，杨家埠的镜框摆台风筝小巧玲珑，特色鲜明，非常具有纪念意义。图 6-5 是一对贺年桃符设计，传统民俗文化中，辞旧迎新时往往将画着神荼、郁垒二神的桃木板挂在大门上来避邪。桃符设计美观而且符合传统民俗文化行为，更容易使消费者接受。

图 6-4　杨家埠风筝

图 6-5　　桃符

（3）反思层设计思路

地域文化符号也可以从一个地域的文化中的民族英雄、历史故事和神话传说中提取。民族优秀的历史故事和传说是一种无形的东西，凭借口头、文字或图画记录传载至今，创新应用这些文化信息也需要设计师将其以更加直观、形象的形式展现出来。人们将优秀历史文化通过商品的形式珍藏在身边，以此为现代生活注入传统文化，提升文化品位。泰山石敢当是第一批国家级非物质文化遗产中的一员。如图 6-6 所示，以石敢当为原型设计的系列摆件非常具有纪念意义。以《水浒传》中 108 将为素材设计的潍坊风筝礼盒（图 6-7）相当精美，值得细细品鉴。

图 6-6　石敢当系列摆件

图 6-7　《水浒传》迷你风筝

### 6.2.1.2.2　创新应用手法

（1）直接提取法

地域文化符号直接提取法，是将文化符号重新设定在一个新的视觉环境中，而不是将现有的素材直接简单地照搬，赋予新的载体。这种方法简单直接，通常用于表现个性鲜明的地域文化的相关设计当中。怎么提取山东文化元素才能将它们体现在新的造型、工艺、材质或载体当中，从而达到传统艺术与现代工艺的完美结合？不同的载体形式需要不同的探讨方法。如图 6-8 所示，济南泉标礼品、济南地标的设计采用直接提取法，将济南地标性建筑符号元素提取出来并作为主要形式以表现地域文化特色。

图 6-8　济南泉标礼品、济南地标

（2）抽象变形法

在旅游创意商品设计中，往往直接采用和文化有关的图形或者符号无法满足设计的要求，所以设计师往往要在理解地域文化的基础上对文化元素进行延伸、总结和归纳，这样才能更好地表达出创意产品的概念。例如，济南城市形象标志（图 6-9）设计，图案整体看来分为上、下两部分，上面是一个抽象的

图 6-9　济南城市形象标志

山形，也是鸠鸟元素的变形，因为济南地处对“鸟崇拜”的东夷文化发源地，鸠鸟的形状在出土于济南洛庄汉墓的铜錞于上也可见，鸠鸟寓意吉祥，这也是设计师对古文化内涵的探索和运用；下面的形状灵感来源于泉水的主体形态，这个图案体现了济南山色秀美的特色和吉祥福瑞的期冀。

（3）简化法则

简化法则是选择合适的地域文化符号并提取其中主要的视觉特征元素，将这些提取出的特征元素巧妙地应用到产品符号原型的重新构造中，与产品相互融合。按照简化法则设计出的作品整体上看来更加简洁概括，视觉上更趋于现代化。简化法则适合体积小的创意产品设计，不适合使用繁复图形进行的设计，如苏州仙山楼阁书签设计（图 6-10）。

图 6-10　苏州仙山楼阁书签设计

（4）意象转换法则

意象转换法则就是把头脑中对地域文化形成的直觉性的印象通过旅游文创

产品的实物形式表现出来，通过深入理解文化内涵，然后运用容易使人接受的符号进行有意识的设计和表达。如图 6-11 所示，天鹅印章主体为天鹅意欲起飞的形态，代表好运的寓意，构思巧妙，独具韵味。

图 6-11　天鹅印章设计

（5）卡通法则

卡通法则指用卡通形式来表现传统文化，从而增强中国传统文化的亲和力和趣味性。低龄的消费者对按照此类设计法则设计出的作品喜爱有加。如以古人形象设计的一款可爱的棋盘游戏（图 6-12），在视觉上十分招人喜爱，使儿童在玩乐中学习西周时期传统文化，使得传统文化更加亲民化且更加生动有趣。

（6）重构与解构设计法则

“将地域文化符号进行重构与解构主要是为了引人注意，进而引人深思，从而延长观赏者的欣赏和停留时间。”这一设计法则打破了人们脑海中熟悉的

图 6-12　古人形象棋盘游戏

思维定式，使人们不再凭借以往的经验来认识事物，从而唤起人们对事物的新感受。比如将传统地标性建筑人性化，改变它们的形态或设计出一种交互的方式来增加趣味；将具有代表性的图案等进行分裂，应用到一个旅游文创产品上，使从整体看来孤立的产品又关联成一个整体系统；抑或是运用三维空间上的变化，将单独的几个字部分拼合起来，使其成为一个独立的产品或装饰。例如，故宫天坛茶具设计（图 6-13）中单独的一个小部件是一个杯子，整个连接起来就成了天坛，这种茶具既可以拆分使用，又可以整体使用，有自主拼接并从中收获乐趣的体验。像故宫创意便签（图 6-14）也是同理，这类设计产品根

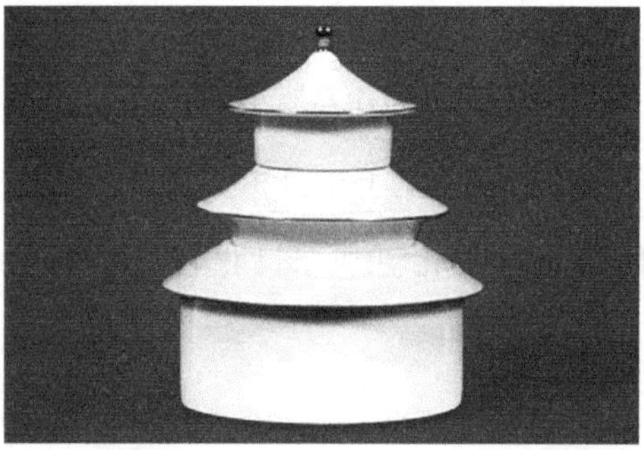

图 6-13　故宫天坛茶具设计

图 6-14　故宫创意便签

据使用情况而发生变化。这种设计法则可以用在产品文化的内涵设计上，让人有一种使用产品的快感。人们往往喜欢这种互动式的使用方式。这种设计法则如果加以合理运用，还会起到教育与传播的作用。

#### 6.2.1.2.3 创新注意要点

(1) 合理性

在符号的选择和使用上必须满足用户的认知心理，保证视觉信息传达的有效性。设计师切忌用自己偏爱的符号进行设计，否则容易导致“形而上”。保证符号自身的整体性，不能断章取义，更不能加以误解。独特的历史文化渊源为各地地域特色的提炼提供了有力的支撑，不管运用哪种创新手法，我们都需要结合当地的地域文化特色来设计产品，创造出符合人们精神追求的旅游特色商品。

(2) 创造性

在文化产品的设计中，为更好地传承原有的文化内涵和意象，不能简单地把传统图案绘制在产品表面，而应该深入挖掘文物的文化内涵和灵感来源等。通过对新的文化产品的重组方法和产品类型进行仔细推敲，将文化元素与现代产品造型元素进行融合，既可以在题材内容上创新，也可以在表现形式上创新。创造的目的是理解潜藏于传统中的审美情趣和深层思想的本质，设计出满足旅游者心理需求的崭新的产品，以此来吸引他们的注意力，激发他们内在的情趣。

(3) 艺术性

旅游文创产品在内涵和形式上都应具有美感。设计师在设计时应选择地域文化中精华的部分，并且在设计的过程中需要考虑到不同消费者的审美需求，根据不同文化层次和审美层次需求进行设计，开发出迎合不同消费者需求的商品。在创造过程中必须符合基本的形式与法则，不能丧失产品的美观性。结合传统的审美哲学并融入现代的认知观念便可使得产品具有特定的美学价值。

(4) 时代性

基于时代背景来进行地域文化符号的创新应用。在旅游文创产品的设计中，应该做到赋予符号新的时代意义。地域文化想要获得延续，必须融入当下的时代特色，包括使用新的技术、新的材料等。传统的手工艺往往是以个人经验为基础的，而在当今社会，即使是传统的手工艺品，也应该不断地推陈出新，将现代元素融入其中，这样才能拥有持续的生命力。

## 6.2.2 利用现代科技

### 6.2.2.1 3D 打印技术

传统的旅游文创产品往往无法满足全部消费者的需求，3D 打印技术的不断发展与成熟，解决了个性化定制旅游文创产品的问题。3D 打印技术的加入使得旅游文创产品的制造富有个人情感，也使得旅游文创产品更加有个性。但是由于目前打印材料和设备较昂贵，规模化的批量生产受到限制，并且由于普及力度还不够，旅游者设计参与的学习过程花费时间较长，这些都是我们当前面临的机遇和挑战。

### 6.2.2.2 数字化设计与制造技术

基于数字化信息技术的旅游文创产品开发设计需根据设计流程建立一系列的设计库，包括各地域文化元素素材库、旅游文创产品功能载体库、商品设计原型库等，产品采用数字化加工技术制作并完成，相比于传统的手工艺大大提高了效率。

### 6.2.2.3 数码快速成像技术

数码摄影技术在各种材质物品上快速成像最经济的方式是转印，现在的技术将设计呈现在瓷杯、石板、木板、铝板、衣服等物品上都没有问题。这种技术可以快速地将照片印在旅游文创产品上，简单便捷又独特，使产品具有纪念意义。

#### 6.2.2.4　增强现实技术

AR（增强现实技术）是在 VR（虚拟现实技术）的基础上发展起来的，这种新兴的技术强调真实世界和虚拟世界的结合。利用这种技术可以让用户在真实环境中在时间和空间上得到感受虚拟延伸的体验，比如我们想要清楚地了解现在看不到或者无法与之进行互动的动物、植物的特性等，我们可以设计一款 APP 或其他产品，并可以根据虚拟的动物或植物等来开发实体商品。这一技术与传统旅游相结合，能够给游客带来不一样的新体验。

#### 6.2.2.5　交互设计技术

数字化的旅游使得游客在旅游过程中可以随时使用手机了解景点的内容。旅游文创产品实际上也可以运用交互技术进行设计，设计师除了设计实体与虚拟 APP 应用结合的产品之外，还可以设计实体交互类商品，如交互机器人玩偶等。现代科技融入传统文化中，可以用更多的感受方式来满足消费者对历史文化的需要。

# 第7章

# 基于体验经济和网络化生存现状的设计

## 7.1 体验经济时代

### 7.1.1 体验经济概述

20 世纪末，西方一些研究学者提出了“体验经济”的经济理论。在早些时期的 1970 年，阿尔文·托夫勒，美国著名未来学家，在《未来的冲击》一书中提出“体验经济”这一概念，他认为，每个历史时期都有各自历史时期的经济形态，20 世纪是服务经济时代，而服务经济时代发展的下一步就是体验经济时代，商家将靠提供这种体验服务取胜。也就是说，在这种经济形态下，所有商家都要靠提供体验型服务去赢得消费者的青睐。这是最开始的关于体验经济的说法，但在当时，由于它太具超前性而并没有引起人们的关注。同年，经济学教授菲利普·科特勒表示，未来的旅游将更具有体验性。

一般来说，“体验”指的是一种过程感觉，是当情绪、智力、体力乃至精神处于某特定水平时，在人的意识中所产生的。中国旅游学者谢彦君则认为，个体通过与外部世界取得联系从而改变其心理水平并调整其心理结构的过程，就是体验。从经济学角度来看，“体验”是继产品、商品、服务后的第四种经济提供物，是企业有意识地以服务为舞台，以商品为道具，以消费者为核心，创造能使消费者融入其中并产生难忘回忆的活动，舞台上的演员是企业的员工，顾客也可参与其中成为演员，通过被动或积极参与而获得娱乐的、教育的、审美的或逃避现实的体验，顾客将会为体验而付费。

体验经济从实质上来讲是服务经济的进一步发展，由原来的实体的物质服务更多地转向精神感受体验服务。在这种时代背景下，如何使人们在参与社会活动时精神体验更愉悦、审美价值更符合预期，是值得考虑的问题。

### 7.1.2　体验经济时代的消费需求

21 世纪，全球步入体验经济时代。随着体验经济理论的深入人心，以及消费观念的改变和消费水平的提高，公众消费观念发生了转变，消费者有了新的消费需求。在全球经济一体化发展的大形势下，公众的消费需求不再局限于温饱，而是追求物质和精神的双重感受，因此，对于具有个性化产品的需求更加旺盛，这也是促进旅游文创产品发展的一大动力。这主要表现在以下几个方面。

(1) 旅游消费结构改变

近年来，旅游业快速发展，人们的旅游观念已有重大改变。现在，旅游已不仅是“到此一游”的标记，更是一种生活方式的体验，一种旅游心境的感受。未来旅游开发中极富潜力的环节就是感受并分享体验。传统的消费观念中，旅游者较看重产品质量，而现在，情感要素所占的比例正在提升，人们更关心是否在体验过程中享受到愉悦感。例如，超现实的事物正越来越受到年轻人的青睐，各种魔幻主题的旅游景点（图 7-1）受到较高关注。

(2) 旅游消费内容改变

随着产品的极大丰富，大众对常规化的、标准化的产品逐渐失去兴趣。人

图 7-1 迪斯尼世界魔幻王国

们开始追求提供个性化形象和彰显自我的产品或服务。传统旅游方式——“走马观花”，已难以适应这种新的高层次需求。随着教育普及程度和人们文化水平的提高，大量消费者已摆脱人云亦云的从众习惯，而更相信自己对事物的判断，更注重自己的感受。伴随着互联网的发展，人们也可以更方便直观地了解旅游文创产品的产地、来源。

（3）旅游价值目标改变

传统游客往往注重旅游文创产品本身具备什么功能，或者说得到什么样的旅游文创产品。而新的消费需求中，现代旅游者不再只关注获得产品本身，已更加注重消费商品时的感觉，比如在哪里获得以及如何得到，注重细致周到的服务体验。如同在米其林餐厅购买牛排时，除了感受牛排的口味，还更注重接受服务的方式和听到烤牛排的滋滋声。

（4）接受旅游文创产品的方式改变

如果说过去人们往往是看着广告等商家的宣传来选择产品，那么现在越来越多人则不再满足于被动接受，他们更趋向于主动参与到设计和制造过程中去，比如亲自动手体验产品的制作。也就是说，从被动接受到身体和精神同时主动参与到活动中，达到感官、情感、感性、理性的升华，获得独特感受、永久回忆。

旅游文创产品有一定的特殊性，很多时候，其生产和消费是同时发生的，比如当消费者接受某项旅游服务的时候，他所消费的其实是一个过程。因此这项消费活动本身也是这次消费过程的产品，因为他要持续地融入创造旅游文创产品的过程中，而且旅游过程结束以后，这种消费的体验可能会长久地保留在旅游消费者的头脑中。同时，消费者由于自己参与了消费这一过程而感到心理与情感上的满足，并心甘情愿地为体验支付费用。所以，感受精神的欢愉与追求体验俨然已成为当下众多消费者最为崇尚的健康消费趋势。而追求刺激，消费趋向多元化、个性化，已成为新经济时代下消费的特征。

总结来说，在体验经济的大环境中，旅游消费渐渐侧重于个性和情感需求，因此旅游全过程和各种旅游文创产品给游客带来的体验在游客心中占据主导地位。

### 7.1.3　旅游文创产品的体验化发展趋势

体验经济概念从诞生之日就与旅游业之间有着天然的亲切感。从本质看，旅游是一种物质或精神上的体验过程，是一种主要以获取心理快感为目的的审美和自娱过程，旅游者的身心体验构成了旅游现象中最基本的结构性要素。游客购买的产品本身就是一种体验，游客借由这种体验感受愉悦。当代旅游文创产品的核心和关键就是体验性。

随着市场竞争的日趋激烈和消费趋势的转变，传统经营思路下的产品和服务已难以满足旅游者的需求，市场竞争的焦点逐渐落到旅游者的体验上来，借

“体验”来创造差异化竞争优势。在这个过程中，旅游者获得高质量的体验，旅游文创产品获得独特的形象，在激烈的市场竞争中获得旅游者的认可，从而实现可持续发展。

### 7.1.4 体验型旅游文创产品的特点

农业经济时代提供的旅游文创产品是满足人类最基本的生活条件，工业经济时代提供的旅游文创产品是满足人类对物质的需求，服务经济时代提供的旅游文创产品是使人类获得对于物质的满足感。而现在，体验经济下的旅游文创产品是满足人类精神上的体验。体验型旅游文创产品，就是将具备体验特征的景观作为基础，将旅游者的个性化体验作为目标，应用体验化的技巧和方法设计出的产品。

（1）更加重视对游客个性的满足

针对各类人群准备不同的体验方式来满足他们差异化的需求。例如，不同地域的各种主题酒店和饭店等，景区内的特色旅游路线等。

（2）具备对异地风情的体验条件

旅游者离开自我长期生活的环境，对其他不同地区的人文风情进行一次短时间内的了解和体验，并且留下有价值的深刻的印象。例如傣族的泼水节（图7-2）、蒙古族的赛马节、彝族的火把节（图7-3）等少数民族节日。

（3）满足旅游者对具有地域文化特色的产品的需求

对不同地域的不同文化开发不同的旅游文创产品，促使旅游者购买，同时能够使得旅游者在离开这个地域后，看见这些旅游文创产品时仍然能够回忆起自己对于当时的体验回忆。例如成都的蜀绣（图7-4）、南京的雨花石、景德镇的陶瓷（图7-5）等不同旅游区的特色旅游品的开发。

图 7-2　傣族泼水节

图 7-3　彝族火把节

体验经济时代的最大特点，同时也是其本质特征，就是消费者会为其不同的体验付费。体验经济中，体验从消费者的角度来说是在消费某产品或服务时，自己也被融入这个过程的一种良好感觉；可是从企业的角度来说，这种感觉是一种经济提供物，并且具有一定的价值，它是能够满足消费者的情感及个性需求的产品、服务、氛围等的综合体，消费者需要为这种美好感觉付费。

图 7-4　成都蜀绣纪念品

图 7-5　景德镇陶瓷

总结来说，体验经济时代下的旅游文创产品总体来说是为了满足旅游者一种异样的感受体验，或是通过特定的场景对于一种记忆的追思。旅游者从这些体验中获得美感和满足，但是要为自己获得美感和满足的体验付费。

### 7.1.5　旅游文创产品的体验设计

在体验经济时代下，随着旅游形式由传统的观光旅游发展到体验旅游，旅游者已不再满足于大众旅游文创产品，而期望得到更加个性化和休闲化的旅游文创产品。为给顾客更高层次的个性化和人性化的满足，旅游文创产品应更多地考虑到顾客的精神和心理需求。开发和设计不能只是停留在工业经济和服务经济时代，要突出娱乐性和感化性。旅游地应通过个性化旅游文创产品的开发，为消费者提供更好的出游体验。

旅游文创产品的体验性设计需要有意识地针对旅游消费者的需求进行。消费者通常都是以体验的方式来消费的，旅游地应提供给旅游者以体验为核心的产品，旅游者通过消费体验来完成产品的使用。给旅游消费者提供与众不同的感受是旅游文创产品的核心，而通过带给旅游消费者愉悦的消费体验来唤起旅游消费者种种美好的回忆，则是旅游文创产品体验设计的主要目的。旅游文创产品的体验设计使得旅游文创产品的概念有了更加广阔的外延的空间，它提供的不仅是一种消费方式，更是一种别样的生活方式。所以，衡量旅游文创产品设计优劣的标准，就是看旅游文创产品的设计者能否让游客在消费旅游文创产品的整个过程中收获印象深刻、回味无穷的美好记忆和服务体验。

首先，体验化设计把旅游者当成价值创造的主体，真正以旅游者为中心，遵循旅游者“行为”理性和价值确定的高峰体验。其次，体验化设计重视体验价值的内生性，将体验嵌入旅游活动整个过程，使其与旅游活动表里相依、相伴相随。最后，体验化设计关注旅游体验的诱导、发生与运行机制。诱导主体体验是体验型旅游文创产品开发的关键和核心内容，它使旅游体验有可能变成现实。如同中药治病一样，既要有好药对症，也要有药引来促进药效的发挥，两者兼备，最终方能达到预期效果。

(1) 把握体验类型和体验特点

资源分析和市场分析是基础性工作，是任何旅游类型产品和任何旅游文创产品开发形式都必须完成的。设计师在资源分析和市场分析的基础上，确定旅游资源所能开发的体验类型，该体验类型的内在要素、本质、特点和实现方式。在派恩体验内容分析框架的基础上，谢彦君总结了 5 种旅游体验类型，分别是审美体验、补偿体验、遁世体验、极端体验、认知体验。体验型旅游文创产品的设计开发中，把握旅游者的体验类型和体验特点是前提，同时设计师要具体问题具体分析，先确定体验类型，再认真探讨特点，借以指导体验化设计。

(2) 确定体验主题

在体验类型特点分析、市场分析、资源分析的基础上，结合文脉分析、地脉分析、区位分析，以及当前社区文化来设计体验主题。

主题是产品的“神韵”，揭示形式背后蕴藏着的核心内涵和寓意，从而给予游客刺激。一个恰到好处的主题能及时引发相应联想，构成一定的形象，让人怀有期许，而且在游玩途中感受到景物所表达的信息，表现出积极反应。体验主题来源于市场分析和资源分析基础上的文脉、地脉、区位以及社区文化分析，在细细品味、慢慢咀嚼的基础上浓缩而成。

在我国开发的主题性旅游体验中，最为典型的就是杭州的“宋城千古情”，它是以宋朝历史、神话故事为主，综合杂技、歌舞于一体的大型史诗类主题表演。游客仿佛置身于宋朝那个朝代一样，感受当时的风土人情、繁华市井。人们可以看到中国源远流长的服饰文化，独具特色的宋朝房屋，演员饰演的宫女们身着宋代服饰高歌曼舞，神话故事得以生动形象地再现，游客们在此起彼伏的情感旋涡中感受另一番风味的宋代史诗。“宋城千古情”表演（图 7-6）让游客时时刻刻感受到宋朝的民俗民风，使游客有了全新的体验。

图 7-6 “宋城千古情”表演

(3) 构建旅游情境

以明确体验主题为前提，旅游情境构建可以在分析核心对象和基本构件的基础上实现，并可依托界面设计实现核心对象和基本构件的体验融合和价值升华。旅游文创产品的核心对象是旅游服务，能够引发旅游需求，实现旅游目标。基本构件是指在核心活动与外围活动之间，存在着的与旅游资源紧密相关，有助于旅游者享受核心服务的各种观赏对象或潜在体验过程。不同类旅游资源地常有不同特色的基本构件。

此外，界面的开发设计也是可以获得体验机会的来源。人们从事的种种体验经济活动，可以依照行为、感觉和知觉等被分成几个象限（阶段）。从一个“象限”进入下一个“象限”的过渡中所经历的较短时间和包含内容的空间，就是“体验界面”。可通过对界面的体验内容进行设计，实现界面增长，丰富体验内容，提高体验质量。

随着科技的进步和发展，产品设计逐渐由原来的具象化设计转化为抽象化、虚拟化、数字化设计。在体验设计理论中，约瑟夫·派恩和詹姆斯·吉尔摩认为整合感官刺激可以加深游客对主题的体验。在体验设计方法中，也强调了感官刺激对于加深主题的重要性。因此当我们在设计旅游文创产品时，及时考虑感官刺激是必不可少的一环。例如创造虚实结合的环境，给旅游者一种超现实的、亦真亦幻的虚构情境，通过影响其对空间、时间、事物的体验，使其彻底摆脱对现实的感觉。正如一位入住迪士尼动物王国旅馆（图 7-7）的旅客

图 7-7　迪士尼动物王国旅馆

所感受的那样："我很兴奋，两只长颈鹿正站在我的窗外，一只捻角羚，至少我认为它是一只捻角羚，慵懒地从我窗前走过，后来我又看到了一匹斑马和一只粉背鹈鹕。"那种极富想象力的童话作品中超现实主义的纯真的精神境界确实让人心驰神往。

(4) 构建互动发生机制

体验型产品设计，不是一个终结，而是诱导游客进入体验过程的媒介。若要利用这个媒介诱导游客进入体验过程，就要探讨互动发生机制。互动发生机制的核心在于产生体验，通过刺激反应作用诱导旅游体验发生。体验具有时间性和流程性，这决定了体验型产品是一个互动发生过程。以市场信息为依据，构建旅游体验诱发机制，强调参与性与融合性，使实现机制和旅游情境相互作用，以追求高峰体验为目标，最终实现旅游者的体验。

与旅游的互动发生机制有关系的因素包括象征物、标志系统、解说系统、体验示范、游戏、细节管理、全程管理、旅游文创产品等。商品不仅可以使游客体验的时间变长，还能让游客与亲朋好友分享自己的体验，这会进一步加深游客对目的地的印象。游客会购买自己游玩过的景区的明信片，情侣为纪念特殊的日子会挑选有意义的问候卡，年轻人也会购买电影里的卡通人物的纪念品。这些商品延长了使用者的体验时间，成为他们人生中美好记忆的一部分。传统的旅游纪念产品的特点是：注重纪念性，注重地域特征，注重艺术性，注重象征性。而体验经济下旅游文创产品的设计应注意以下三点：

① 注重游客参与。可以开辟 DIY 展示区，让游客可以根据自己的喜好制作产品。在动手参与的过程中，游客享受到其中的乐趣，游客的记忆被强化，体验进一步加强。DIY 带来了一种全新的设计模式，也满足了用户参与互动的心理需求，同时 DIY 的设计也缓解了在大规模生产产品的同时满足消费者个性需求的矛盾，既使产品的功能性得到了最大化的发挥，又保证了产品的自由度。

② 注重商品创意。一个既有文化内涵，又有创意的商品，对游客而言，

能够强化游客在景区体验的美好记忆。景区可以和富有经验的公司合作，开发能够体现其文化底蕴的旅游文创产品。并针对不同年龄段的游客群体，开发特色商品，例如针对年轻人设计印有相应图案的鼠标垫，炫酷又有历史特色的面具等。

③ 注重先进技术的应用。除了采用传统技术制作旅游文创产品，还可以利用现代高科技制作形式多样的旅游文创产品。比如，普遍应用现代科学技术，设计虚拟现实产品。虚拟现实技术可以带给游客震撼的视觉体验，让游客有身临其境之感。

## 7.2　网络化背景下的旅游文创产品发展

### 7.2.1　“互联网+ ”背景下旅游产业的发展变化

2016 年 1 月，中国互联网络信息中心（CNNIC）发布第 37 次《中国互联网络发展状况统计报告》。其中指出，2015 年 12 月底，中国网民总人数达到了 6.88 亿，占总人口数的 50%。在政府的大力推动下，移动互联网快速发展，影响和改变着人们的生活方式，“互联网＋旅游”的新兴融合发展方式快速进入旅游业中。依托“互联网＋”，发展全域旅游，成为旅游发展新趋势。

以互联网为重要技术基础的第三次产业革命中，涌现出一系列新的技术工具，它们是旅游文创产品创新的技术基础。旅游产业本身高度依赖于信息的完备度和及时性，不同类型的信息（核心信息、辅助信息和口碑信息）在旅游者决策过程中均扮演着重要的角色。这些信息又形成数量极为庞大的“大数据”，基于云计算、智能计算、物联网等技术，为旅游企业分析旅游需求创造了条件。与此同时，互联网，尤其是移动互联网技术的发展，伴随着在线支付、近场通信（NFC）等技术的快速发展，解决了传统线上交易支付的问题。此外，随着信息存储技术和分析技术以及网络硬件的不断升级，VR、AR 等技术为实现和提升旅游者体验提供了新的方式。

在旅游产业的发展过程中，充分利用现代互联网技术，具有重要意义。“互联网＋”给传统旅游业带来更多新的变化趋势，旅游者的消费方式和行为习惯逐渐发生改变，旅游需求趋向个性化、多元化。特别是旅游方式、客源渠道、旅游目的、旅行社地位等的变化尤为明显，“旅游大众化、出行散客化、服务个性化、营销网络化”已成为新趋势。

（1）旅游方式变化

“互联网＋旅游”中受到最大冲击的是传统跟团游，在互联网的作用下，传统旅行社的职能被削弱。随着“互联网＋旅游”的深入发展，旅游业将实现各个细分领域的互联网预订，游客可以根据个人需求自主选择旅行内容。同时，伴随着信息透明化程度的增加，深度游将是大势所趋。专业旅游网站平台的建立，让更多的游客对旅行目的地的概况一目了然。因此，游客在旅行前会在相关旅游信息平台获得关于旅游目的地景点的信息，选择适合自己的旅行计划，并通过各类短租平台进行特色民宿预订，实现旅行食、住、行三要素预订网络化。

（2）旅行社地位变化

“互联网＋旅游”给传统旅行社的地位带来了一定威胁。传统旅行社作为旅游实体与游客之间的中介商，是客户服务中心，也是后期串联旅游实体服务的中心。但随着互联网去中介化的效应，旅游实体销售业务由在线平台实现，游客的入口也随之转移到互联网，导致旅行社地位下降，转变为线上平台的线下服务中心。据了解，国内现有多个旅游目的地省、市的在线旅游平台接收的团队游客数量已超过各大传统旅行社，国内旅游市场正在迅速地向互联网和移动端转移。

（3）旅游“碎片化”趋势加强

在信息透明程度逐渐增加的今天，旅游信息网络查询与预订变得更加方便快捷，旅游碎片化程度加强。同时，游客需求呈现个性化的特点，拥有个性旅行欲望的游客逐渐增加，旅行中各环节的互联网化效应使一次预订逐渐被拆分，细分到各个领域，个性化定制将是新的旅游突破口。游客出游方式由以往的旅行社统一安排转变为用户自由选择，甚至自己制定个性化旅游线路。与传统旅行社预订不同，这种新的“零售”模式中各个环节是分散的、独立的。

（4）散客旅游备受青睐

在旅游“碎片化”的影响下，散客旅游越来越受到人们推崇。此种散客并不意味着完全的自助游，实际上他们会借助旅行社或在线旅游平台预订半自由行产品。而团购模式正适用于散客旅游，在线平台收集散客的需求，联系线下旅行社或者实体单位，进行旅行方式的个性化定制。定制旅游方式一方面迎合了游客的个性化需求，另一方面也易于使旅游实体赢利。因此，在需求与利润的双重刺激下，在线平台及线下旅游实体将会推出更多定制服务，促进旅游散客化进程。

（5）旅行心理需求变化

移动互联网的普及使得社交软件的使用频率增加，通过社交软件“晒”生活已成为现代人生活内容的一部分。这种行为用马斯洛需求层次理论可以解释为，当人们的基本生活需求得到满足后，就会逐渐转向更高层次的心理需求。通过互联网社交软件“晒”生活能够得到来自熟人、朋友的认可，实现人们的“尊重需求”。而旅行带给人们不一样的生活体验，所以“晒”旅行成为人们“晒”生活的主要内容，这既是人们获得认同感的需求，又是追求“个性感”的需求。

互联网背景下的旅游产业有三种模式，一种是在线旅游，一种是智慧旅游，另一种则是旅游 O2O（Online To Offline）。

在线旅游是互联网和旅游融合的产物，消费者可以直接在网上购买旅游文创产品，更加快捷，具有交互性。当前，像携程网、去哪儿网等网站都是在线旅游的体现。这种旅游网站的出现，也为传统旅游业打开了一扇新的大门。

智慧旅游则是旅游产业发展过程中的必然趋势，其不仅依赖于网络信息技术，还充分利用通信技术，重视消费者体验，优化产业结构，各个部门之间要积极配合，结合文化、娱乐和养老等产业，以形成完善的产业链结构。

旅游 O2O 则是一种全新的拓展，是旅游行业发展的必然趋势，通过互联网进行线上宣传和营销，推广旅游文创产品，寻找更多的客户资源，有利于丰富旅游产品，满足消费者的个性化需求。旅游 O2O 并不是简单的线上旅游，或是旅游网络经营，而是一种以大数据为背景的自动化服务和管理，其充分利用云计算和辅助设计，旨在为消费者带来更好的服务体验，实现现代旅游业的自动化发展。

### 7.2.2 网络化影响下的旅游经营模式

(1)“旅游+互联网”带来的线上旅游经营模式

① OTA 经营模式

OTA（Online Travel Agent）即在线旅行社，是我们通常所认为的旅游电子商务行业的专业术语名词。这种线上旅游经营模式是旅游代理商依托互联网平台来改变销售方式。相比于线下旅游来说，其优点在于旅游代理商可以通过网络销售单项旅游文创产品，向旅游者更为广泛地传递信息；而对于旅游者来说，即时互动式的交流更方便咨询和选择订购，带来更为直观的线上旅游体验和售后服务保障。OTA 以携程网、艺龙旅游网为代表，其主要依靠用户的成交量，盈利来源于旅游文创产品线路预订、酒店预订、交通票务代理和旅游广告等代理佣金。

② P4P 旅游平台经营模式

P4P（Pay For Performance）旅游平台，即按照效果付费的服务项目，主要是为旅游者提供垂直向旅游信息搜索服务，包括线上和线下旅游企业的各项产品线路信息，影响较大的是旅游供应商。相比于线下旅游来说，其优点在于利用互联网平台整合各种旅游信息形成旅游大数据，使旅游者可以自由比价，优先选择满意的旅游文创产品。去哪儿网运用的就是此类经营模式。

③ Online Retailer 经营模式

“旅游超市”早在多年前就风光一时，但是因垂直分配资源的能力有限，终至无疾而终。而现在 Online Retailer 经营模式的兴起，从根本上解决了这一难题，使旅游文创产品线路与旅游服务网络联系在一起，给予旅游批发商一个互联网平台，打造出线上旅游零售模式。例如，阿里旅行从本质上来看，就属于这一类型的网络旅游超市，但其本身并不生产旅游文创产品。阿里旅行沿用集团经营理念，同阿里巴巴和淘宝一样，一方面，旅游批发商只需要交纳一定的交易纠纷保证金，并按年交纳服务费用之后就可以加盟阿里旅行，而后根据每项旅游预订的实际成交额交纳 2%的技术服务费；另一方面，旅游者可以通过其强大的支付宝便捷支付体系和较为成熟的服务保障标准选择旅游文创产品。

④ O2O 旅游经营模式

O2O（Online To Offline），即从线上到线下的模式，通过旅游供应商在线上销售旅游文创产品、旅游者在线下体验的方式，力求做到线上与线下的无缝衔接，着眼于旅游文创产品品质的提升，降低旅游者选择成本，提高旅游出行规划效率。众信旅游和途牛旅游网就是个中的佼佼者，其中途牛旅游网的收入基本都来自传统旅行社与互联网相结合的跟团游。

“旅游＋互联网”的高速发展固然给人们带来了诸多选择和便利，但也着实暴露了一些问题，现如今在投诉平台上，线上旅游的投诉率一直居高不下。与线下旅游相比，线上旅游在信用评价和奖惩机制方面确实有急需解决的问题。

### (2)“旅游＋互联网”给线下旅游带来的冲击和机会

① “旅游＋互联网”给线下旅游带来的冲击

对于线下旅游来说，“旅游＋互联网”所带来的最大冲击莫过于旅游文创产品销售平台化，让旅游文创产品更具直观性，便于旅游者选择。以往传统线下旅游企业大都通过实体店进行产品销售。旅游门市负责对上门咨询的旅游者进行答疑，向其推荐适合的旅游文创产品，耗费时间长，旅游者货比三家，导致预订签单的成功率往往有限。而虽然关注到旅游电子商务可能带来的潜在利益，但从经验的缺乏和资金成本上考量，都难给予互联网销售平台强大的支持。加之经营模式重叠性严重，旅游分销渠道冲突、不正当的低价竞争时有发生。

②“旅游＋互联网”给线下旅游带来的机会

首先，虽然线上旅游平台优势明显，但是旅游者旅游体验保障性不佳。相对比，线上旅游给旅游者规划旅游文创产品的平台优势明显，但在旅游文创产品信息传递的及时性和准确性方面往往缺乏保证。旅游供应商所提供的多角度、大范围的旅游信息，形成了庞大的数据库，线上旅游经营者难以逐一加以验证。互联网平台旅游信息的失真，严重干扰到旅游者的出行决策和旅游过程体验，从而导致线上旅游经营信用度降低，影响了“旅游＋互联网”的良性发展。

其次，价格战失当，线上旅游的旅游服务价值堪忧。有的线上旅游平台为了吸引旅游供应商加盟，以“优惠补贴”的方式降低旅游文创产品的价格，相互抢夺旅游客源市场。有的线上旅游平台以高搜索量、高点击率要挟旅游批发商，迫使其以低价促销，提高旅游者预订的成功率。旅游供应商和旅游批发商，在低价竞争之下，唯有降低旅游文创产品的服务品质来维持一定的盈利。这样的低价竞争，致使局面几乎失控。

最后，网络交易缺乏一定的安全性和信用保障。网络安全和诚信问题一直都是影响“旅游＋互联网”发展的重要因素，在线预订旅游文创产品的交易的安全性让旅游者有所却步。目前，在旅游者、交易平台、银行三者之间，对于网络交易纠纷责任的认定，确实较为模糊。即使是快捷支付体系较为成熟的阿里旅行，在给予多重安全保险保障下，旅游者对线上旅游支付以及相关赔付，仍然是顾虑重重。

当前，对于线下旅游来说，要巧妙适当地应对“旅游＋互联网”现状，提出创新的营销理念，合理应用“互联网＋”的先进科学技术，从而提高市场竞争力，收获最大化效益。可以从三个方面着手创新发展：推进旅游团购产品的升级改造，专业定制特色旅游项目，以及整合多种渠道资源助力线下旅游的推广，促进线上、线下融合。资金、资源、能力强大的线下旅游企业，如中青旅、国旅，可以加大旅游电子商务的投入，用于建设、完善自主线上网站，如遨游网、中旅旅行，实现其线上、线下融合。对于线下中小旅行社来说，选择 B2B（Business-to-Business）、B2C（Business-to-Customer）的旅游网络平台作为助力，是较为明智的选择。另外，线下旅游可以借助于智慧旅游的优势和智能便携设备，经由云平台、互联网、移动互联，向终端宣传、推送新的旅游文创产品。

在“互联网＋”时代，线上、线下融合，将为我国旅游业带来巨大的发展机遇和空间，使我国旅游业提高核心竞争力，实现蓬勃发展。

### 7.2.3　“互联网+”背景下旅游文创产品的变化及特征

互联网时代催生的一系列技术革命使得旅游消费者行为发生很大的变化，改变了旅游产业的生产效率和交易效率。移动通信技术、近场通信（NFC，Near Field Communication）技术等通信技术的出现使得实时查询、在线订购、在线支付、在线评价等更为便利，大数据、云计算、VR（Virtual Reality）等技术实现了对分散在全球各地的旅游资源、生产者、服务者、消费者的整合，催生了一系列在线旅游文创产品。与此同时，旅游需求发生了巨大的变化，旅游者需要更加对称的旅游信息，更加便捷的支付方式，更加多元化、个性化的旅游文创产品，更加便捷的交通方式。这些转变催生了以大众点评为代表的提供吃喝玩乐参考的在线企业，以携程为代表的提供酒店、机票、线路预订服务的旅游在线代理商，以 Airbnb 为代表的民宿化的非标产品，以及滴滴等用车平台。旅游业在生产模式、产品的性质、交易方式等方面都发生了极大的变化。世界旅游组织商务理事会（WTOBC，World Tourism Organization Business Council）预测，今后 5 年，世界主要旅游客源地约 1/4 的旅游文创产品将通过互联网进行订购。互联网时代，旅游文创产品表现出如下两个方面的变化。

首先，旅游生产模式由标准化向定制化转变。进入互联网时代，由于信息传输、处理以及应用技术的进步，旅游文创产品的定制化生产，尤其是小规模定制化得以实现。各类专业的旅游平台，可以为旅游者提供从旅游攻略的设计，旅游过程中食、住、行、游、购、娱环节的安排等全过程的信息，旅游者可以在平台上索取或者购买相关的服务，旅游者的整个旅游文创产品购买完全是依据自身需求定制的，以旅游平台为枢纽的旅游文创产品生产也完全是根据旅游者的需求设计的。借助互联网技术，市场中“冗余”的旅游资源得到了利用，结构性的矛盾得以缓解，各种类型的旅游文创产品实现了对不同需求旅游者的满足，旅游文创产品的定制化和个性化生产得以实现。

其次，旅游文创产品类型由大众化向个性化转变。工业化时代是旅游产业从无到有、从小到大的发展时代，旅游企业，尤其是旅行社，在对需求信息掌握不完善的情况下，会根据经验和“学习曲线”情况设计“标准化”的旅游文创产品，满足具有高度同质性的大众旅游者的需求。进入互联网时代，借助大数据、智能计算等多种技术，可以准确预知潜在旅游者的旅游需求，旅游企业可以将原有旅行社“打包”的旅游文创产品包“拆解”，将标准化的大众旅游文创产品细分为旅游者可以自行“组装”和“搭配”的旅游文创产品要素，使其可以根据自己的诉求来设计组合自己需要的旅游文创产品，个性化特征相当显著。旅游文创产品个性化发展的一个极端就是自助旅游，自助旅游在工业化时代也已出现，但在互联网时代才得以飞速发展。

### 7.2.4　旅游业中互联网产品的运用

构建以大数据为支撑的网络营销系统和旅游服务体系，加快旅游产业整合、转型、升级，把旅游产业实力做强、做优，增强地区核心竞争力。

（1）新型旅游综合服务系统开发

景区管理方和第三方旅游服务机构相互配合，完善综合服务系统，进行信息共享；当地政府旅游部门深层开发地区资源，提炼出特色文化标志，供系统进行定向投放宣传；不断完善升级移动网络及终端，做到信息的实时传送和准确无误。

（2）信息共享

系统的信息互通可以使当地旅游景区管理方、第三方旅游服务机构、游客都可以在综合服务系统上完成投放广告、公共信息投放、查阅、咨询的操作。旅游景区管理方收集主要信息，如景区文化知识、旅游线路、区域划分等；第三方旅游服务机构收集辅助服务信息。

（3）特色旅游宣传

旅游景区管理方与地区政府合作对当地文化及旅游资源进行合理整合、分配，树立品牌意识，打造特色服务，完善当地旅游信息可视化设计，让游客可以直观、无门槛地获取相关旅游历史文化知识。

（4）信息移动化投放

系统利用移动互联网及终端应用程序将宣传信息通过合理的方式，准确投放到目标处，根据游客所选择的旅游方式及兴趣爱好，将匹配的推荐信息向他们投放。游客利用手机可以定期接收到自己感兴趣的广告，为假期提前作出规划。

(5) 新型旅游文创产品开发

功能性旅游工具，可以利用移动互联网帮助游客完成游览中的多重任务，它的基础是旅游综合服务系统，根据功能可以分为记录工具、指南工具、购物工具、讨论工具等。

① 记录工具　游客用户可以用手机进行行程规划，定出自己的游览路线、时间计划以及消费计划，随后根据计划进行旅游，同时系统会根据数据库对计划进行优化；行程中或结束后，用户一定有很多感受希望与亲友分享，此时可以将自己的游记与攻略分享在这个平台上作为纪念。

② 指南工具　指南是官方提供的可靠信息。官方可以根据旅游类型和游客兴趣刊登旅游指南；也可以从游客提供的信息中筛选优质文章，放到应用程序的显眼处作为推荐。

③ 购物及讨论工具　官方通过评级发布优质商家的信息，游客可以通过移动支付的手段提前消费或是进行线下交易，其中包括餐饮消费、住宿消费、商品消费等，这样的购物体验可以降低消费风险。同时系统中的讨论工具可以在官方和游客之间搭建交流平台，尽可能地降低游客出游的陌生感。讨论工具也可以演化为群体讨论的形式，让游客自主选择在旅途中进行有保障的陌生人社交。

## 7.3　总结

“体验经济”的概念从诞生之日就与旅游业之间有着天然的亲切感，旅游本身就是一种物质和精神上的体验过程。首先，体验经济时代，消费者有了新的消费需求，这表现在消费结构改变、消费内容改变、价值目标改变、接受产品的方式改变几个方面。总结来说，旅游消费渐渐侧重于个性和情感需求。其次，旅游文创产品呈现出新的特点，例如满足旅游者某种异样的感受体验或是通过特定的场景引发旅游者对于一种记忆的追思，即更注重对旅游者个性的满足。因此，旅游文创产品的体验设计方法，是在把握体验类型特点、市场分析和资源分析的基础上明确体验主题，构建旅游情境以及构建旅游体验诱发机制。

随着移动互联网的高速发展，一场“互联网＋”带来的各行各业的新兴变革正在轰轰烈烈地进行。“旅游＋互联网”带来的线上旅游经营模式可总结为OTA、P4P旅游平台、Online Retailer、O2O几种。同时，旅游生产模式从标准化向定制化转变，旅游文创产品类型由大众化向个性化转变。在网络化背景下，应当构建以大数据为支撑的网络营销系统和旅游服务体系，通过新型旅游综合服务系统开发、信息移动化投放、功能性旅游工具开发等互联网产品的开发运用，加速旅游产业整合、转型、升级，把旅游产业实力做强、做优，增强旅游产业核心竞争力。

# 参考文献


[1] 陈斌．旅游文创产品的六大发展趋势［N］．中国青年报，2005-05-21.
[2] 洪玲．产品外观的心理分析［J］．美与时代，2009（359）：52-54.
[3] 周鹍鹏．品牌文化研究评述［J］．商丘师范学院学报，2008，24（2）：94-96.
[4] 马海燕，周俊敏．试论商品的品牌文化［J］．湖南商学院学报，2006，13（6）：43-44.
[5] 苟晓梅．基于驱动性理念的品牌形象创新策略研究［D］．西安：陕西科技大学，2007.
[6] 仇学霞．基于社会识别理论的品牌识别的研究及应用［D］．上海：华东理工大学，2004.
[7] 董志慧．广告中的品牌塑造［J］．中北大学学报（社会科学版），2005，21（6）：23-25.
[8] 袁顺发．论机械类产品形象设计的研究与应用［J］．硅谷，2008（7）：58.
[9] 乔丽萍．论沂蒙文化的精髓——沂蒙精神［J］．临沂师范学院学报，2007（4）：86-90.
[10] 魏建，贾振勇．中华文化渊源论［J］．东方论坛，1996（2）：86-90.
[11] 毕延刚．中国地域文创产品开发中地域文化的应用研究［D］．济南：齐鲁工业大学，2015.
[12] 王立森．基于地域文化符号的旅游文创产品设计研究［D］．西安：西安建筑科技大学，2017.
[13] 张彩霞．地域特色玩偶旅游文创产品设计应用研究——以桂林为例［D］．桂林：广西师范大学，2014.
[14] 孙永，宋若臣．山东地域文化的多源与多元［J］．山东行政学院学报，2012（2）：133-135.
[15] 姜保国．地域文化符号在旅游文创产品创新设计中的应用研究［D］．武汉：武汉理工大学，2012.
[16] 蒋冰华．旅游文创产品的特点和分类研究［J］．安阳师范学院学报，2005（3）：65-67.
[17] 刘俊男．区域特色产品市场价值提升策略研究［D］．长春：吉林大学，2008.